中国历史轻松阅读系列

唐朝其实很有趣儿

江月◎编著

中国纺织出版社

内 容 提 要

毛泽东认为：世界上最有价值的书就是史书，读史能使人明智，读史更能知兴替，以史为鉴，能正其身。中华五千年的历史，波澜壮阔，风起云涌。历史上的名人、大事无不给我们以深刻的启迪。了解历史，回味历史，才能立足当今，展望未来。

唐朝历史是中国历史上最具代表性的集大成之篇章，其政治复杂多变，经济繁荣昌盛，文化光耀千古。唐朝从李渊建制，到朱全忠灭唐建大梁，其间共经历了290载，21位皇帝，是中国历史上较长的一个朝代，也是对中华民族影响较深的一个朝代，直到今日，世界各国人民依然习惯称我们为“唐人”，由此可见，唐朝在当时给世界人民留下的深刻印象了。本书将带您一起遨游唐朝那些有趣的人和事儿。

图书在版编目（CIP）数据

唐朝其实很有趣儿／江月编著．—北京：中国纺织出版社，2011.9（2021.6重印）

（中国历史轻松阅读系列）

ISBN 978-7-5064-7576-1

Ⅰ.①唐… Ⅱ.①江… Ⅲ.①中国历史-唐代-通俗读物 Ⅳ.①K242.09

中国版本图书馆CIP数据核字（2011）第108762号

策划编辑：李秀英　向连英　　责任编辑：华长印　　责任印制：陈　涛

中国纺织出版社出版发行

地址：北京市东直门南大街6号　邮政编码：100027

邮购电话：010-64168110　传真：010-64168231

http://www.c-textilep.com

E-mail:faxing@c-textilep.com

河北鹏润印刷有限公司印刷　各地新华书店经销

2011年9月第1版　2021年6月第2次印刷

开本：710×1000　1/16　印张：15.25

字数：150千字　定价：49.80元

前言

毛泽东认为：世界上最有价值的书就是史书，读史能使人明智，读史更能知兴替，以史为鉴，能正其身。

中华五千年的历史，波澜壮阔，风起云涌。历史中的名人、大事无不给我们以深刻的启迪。了解历史，回味历史，才能立足当今，展望未来。

唐朝历史是中国历史上最具代表性的集大成之篇章，其政治复杂多变，经济繁荣昌盛，文化光耀千古。唐朝从李渊建制，到朱全忠灭唐建大梁，其间共经历了 290 载，21 位皇帝，是中国历史上较长的一个朝代，也是对中华民族影响较深的一个朝代，直到今日，世界各国人民依然习惯称我们为“唐人”，由此可见，唐朝在当时给世界人民留下的深刻印象了。

唐朝的统治是中国历史上最复杂多变的，它在安定与动乱的反复中走向灭亡。在唐朝，既孕育了闻名遐迩的“贞观之治”，也开启了影响深远的“开元盛世”，更缔造了中国唯一的女皇帝武则天……但唐朝并不都是在太平盛世中度过的，在太平的背后也蕴藏了诸多的政治变革，其中对后世影响较深远的变革有“玄武门之变”、武后夺权称帝建大周、韦后乱政、“甘露之变”，更有“安史之乱”和轰轰烈烈的农民起义。可以说，唐朝是一个太平与动乱共存、盛世与衰败共存的朝代。

唐朝在经济上的成就达到了中国封建社会的历史之最，是中国封建社会最繁荣的一个时期。这期间的农业、手工业成就对后世影响颇深。唐朝通过多次的对外交流，在周边国家中产生了很大的影响，其中很多国家像日本等多次派“留学生”到唐朝学习农业生产和手工业生产的技术，这些人回国后对本国经济的发展起到了举足轻重的作用。在这个时期，还开辟了世界上著名的“丝绸之路”，让欧洲等很多西方国家也分享到了唐朝的经济成果，进一步加大了唐朝在当时的影响力。

唐朝的文化，是中国文化艺术宝库里不可多得的珍品。响彻古今的诗文化就是在这个时候逐步发展并走向成熟的，诗歌的发展随着唐朝政治的变化分为初唐、中唐、盛唐、晚唐四个时期，每个时期都有一大批著名诗人，他们所创作的优秀诗篇在中国文化史上像璀璨的明珠一样照耀着后世。唐朝的另一个文化亮点就是宗教文化的大发展，其“三教九流”在唐朝较为宽松的文化政策下“百花齐放”。佛教在这个时期完成了一次大“聚变”，从此走向中兴，成为对中国老百姓影响最大、最久的一个宗教。另外，唐朝的书法、绘画、陶瓷艺术、石窟艺术、茶文化等都很有建树，对后世的影响也很大。

唐朝历史无论在政治上，还是在经济文化上都值得我们深深地回味。唐朝在最兴盛的“开元盛世”之后，急转而下，走向衰败，其发展轨迹所揭示的兴衰成败的历史规律更值得我们深入学习与研究。

回味历史，品读人生，以史为鉴，方明得失。

目　录

李渊起事建王朝，中华从此开新篇。

第一章　李渊称帝建唐

李渊出生在隋王朝的一个贵族家庭，他的祖父李虎是西魏和北周最高军官八柱国之一，死后追封唐国公，他的父亲也是北周时的柱国大将军。李渊的母亲与北周明帝皇后和隋文帝皇后是亲姐妹。李渊幼年丧父，7 岁便继承了唐国公的爵位。隋取代北周

唐时期形势图

后，15 岁的李渊被任命为隋文帝的贴身侍卫官，开始了他的政治生涯。显赫的家族背景为他后来建立唐王朝打下了坚实的政治基础。

隋大业十三年（617），隋炀帝派他到军事重镇太原去当留守(官名)，负责镇压农民起义。尽管李渊镇压农民起义很卖力气，也立了不少战功，但是，隋炀帝还是不信任他，派自己的心腹王威、高君雄做太原副留守来监视他。李渊为此事生尽了闷气，但却敢怒不敢言，只能整天喝酒度日。他的儿子李世民见他如此消沉，决定帮他改变这样的境况。当时，反隋的农民起义不断爆发，李世民向他的父亲李渊分析当时的形势，认为隋朝的统治不会长久，只有趁天下大乱的机会，夺取政权，才能保住家族的地位和利益。

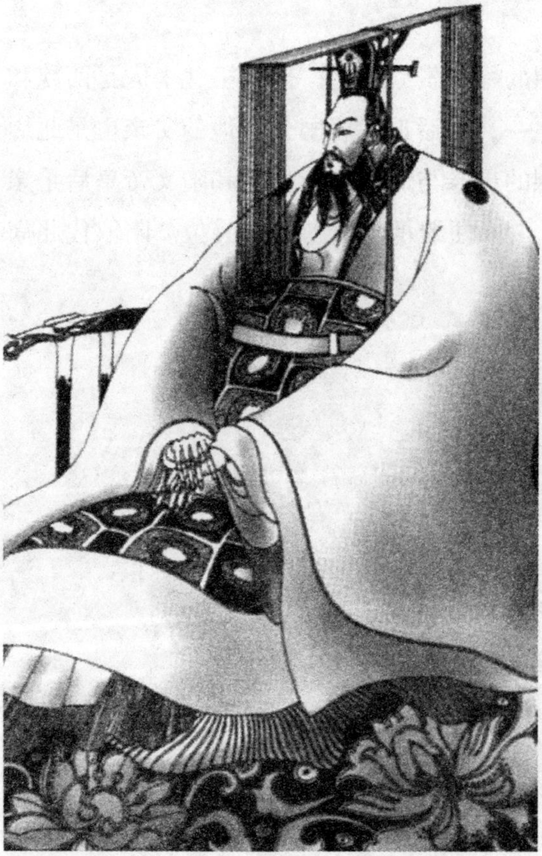
隋炀帝杨广像

李渊是一个保守的人，他本不想反隋，但他却知道要保住家族地位和利益，不确立自己在朝中的牢固地位是不行的。在当时烽火连天的时代，最重要的一点就是要控制军队，但他也知道仅靠自己的力量是不行的，必须找几个有本领的人帮助自己才能达到目标，于是，他就嘱托李世民去发掘人才。李世民对形势观察得更仔细，认为李家不反朝廷，朝廷早晚也要对付他们，所以他就借这个机会网罗人才。通过观察自己周围的朋友、幕僚，他发现被劳役的人中有个叫刘文静的地方官倒是个很有头脑的人，能为自己所用。于是，李世民就到监狱去探望他，试探他说："像您这样正直的人也被关进大牢，这世道真是忠奸不分哪!"刘文静激愤地说："如今还有什么忠奸可言!除非有汉高祖、光武帝那样的英雄人物，不然，天下是安定不了的!"李世民赶忙说："您怎么知道没这样的人物?只怕是一般人发现不了。今天我来这里，就是想和您商讨天下大事，听听您的高见。"刘文静十分高兴，笑着说："我到底没有看错公子，现在天下大乱，烽烟不断，皇上只顾在江南游玩，这是个好机会。太原城里有的是豪杰，唐国公手下有八九万军队，只要振臂一呼，杀出关去，用不了半年，天下就可以到手!"因为李世民知道父亲起兵反隋的态度不是很坚决，便又问道："只怕家父不同意，怎么办?"刘文静想了想，附在李世民的耳边说了几句话，李世民点头微笑。

第二天，李世民就派自己的亲信带着几百钱财去找晋阳宫副监裴寂赌博，借此，与其搭上关系，过了几天，李世民请裴寂喝酒，随后裴寂又回请李世民。一来二去，两人的关系十分密切。一次，李世民突然发愁地对裴寂说："皇上把我们李家看作眼中钉、肉中刺，真是朝不保夕啊!看来局势早晚将有大变!我很想乘机干一番事业，只怕我父亲不同意，您看怎么办呢?"裴寂和李渊的交情本来很深，听李世民这么一说，想了想，说："公子不必着急，我自有办法。”

裴寂想起，不久前李渊曾收下了他送去的晋阳宫的两个宫女，便在这件事上做起文章来。一天，他请李渊喝酒，两人喝得醉眼朦胧的时候，裴寂就说：“都是我害了您，我送您两个宫女的事，怕要传出去了……”李渊大吃一惊，吓得酒醒了一半。私留宫女，灭门之罪，这可如何是好!裴寂赶忙说：“二公子世民怕事情败露，招来大祸，正在招兵买马，网罗人才，我看先下手为强，起兵反隋，也许成功。”李渊低头沉思了一会儿，无可奈何地说：“事到如今，也只好如此了。”李渊走后，裴寂忙派人把这个情况告诉了李世民。

从这以后，李渊一想起宫女的事就发愁，吃不好，睡不下。

隋末群雄割据图

偏偏这时候他手下的将军又在打仗中失利，李渊更加不安，生怕皇上怪罪下来。一天，他正在屋里踱来踱去，焦虑地想着这些事，突然闯进一少年说："大人，您不当机立断，还待何时?"李渊一看是李世民，便问："你有什么主意?"李世民说："大祸临头了。不如这时顺应民心，举兵反隋，夺取天下。我观察了天下大势，才敢这么说。您如果要告发我，我只好听命。"李渊叹气道："我怎么忍心告发你。只是，以后你可要千万小心，不要随便说这样大胆的言辞。"第二天，朝廷命令李渊出兵去镇压农民起义军。李世民又劝李渊说："大人不要再犹豫了。平不了盗贼，是您的罪过，平了盗贼，也不会得到信任。还是快做主张吧。"李渊走投无路，这才下定决心，起兵反隋。

李世民先是冒充皇帝的命令下了一道公告征兵，引起老百姓的强烈不满，接着又想出一条公开招兵的妙计。一天，李渊对两位副留守王威、高君雄说："叛匪头子刘武周现在占据了汾阳宫，要立即平叛。可是天子远在天边，这如何是好?"王威、高君雄说："事情紧急，留守这时候就自己决定吧。"于是，李渊就名正言顺地打着"讨贼"的旗号，派李世民、刘文静到各地征兵，又暗地里派人去通知其他几个儿子和女婿到太原会合。

不久，李渊的兵力急速加强，又都由他的亲信统率。王威、高君雄起了疑心，决定暗杀李渊，不想消息走漏。李渊和李世民先下手干掉了两个隋炀帝的耳目，然后诬告他俩阴谋引敌入侵。

同年，李渊父子在太原起兵，迈出了兴唐灭隋的第一步。随着局势越来越好，李渊以前的顾虑也逐渐消失，并做出了富有政治远见的重大决策：他派人出使突厥议和，表示愿意永远结为盟好，并请求出兵协助伐隋。这不仅消除了他挥师南下的后顾之忧，还得到外来的援兵，壮大了自己的声势。进而他又招募兵

隋炀帝下扬州

员，制造弓箭，蓄养马匹，积极扩大自己的武装力量。

与此同时，李渊广泛利用自己的社会关系和政治地位争取各界人士的支持，获得了人力、物力、财力的巨大援助。在短短的120多天内，李渊便占领了关中，攻下了长安。

李渊率兵攻入长安后，觉得自己当皇帝的时机还不太成熟，便按计划拥立代王杨侑为皇帝。他封自己为唐王、大都督内外诸军事、大丞相等要职。杨侑当时只有13岁，所以，实际权力掌握在李渊手中。

李渊有了权，进行了必要的封赏，然后开始报仇了。左翊卫将军阴世师和京兆郡丞骨仪曾经派人掘了李家祖坟，烧了李氏宗庙，此时，李渊找了个理由把他俩杀了。然后又准备杀马邑郡丞李靖，因为两人过去有私仇。李靖是当年名将韩擒虎的外甥，很有些名气，李世民便向父亲李渊求情，免除一死，收罗到自己手下，李靖后来为李世民夺得皇位起到了十分重要的作用。

李渊颁布了《约法十二条》，废除隋朝一些不合理的法律，长安百姓民心稳定，附近郡县官员都纷纷前来投奔。

且说隋炀帝杨广，整天沉湎于酒色之中，根本不理朝政，于大业十二年（616）来到江都（今扬州市），在江都设了一百多个宫室，每宫都住着成群美女。杨广带着肖皇后和嫔妃们轮流到各宫去玩，并且大摆酒宴，每天换一个宫，每次宴会有上千名嫔妃参加。

杨广为了自己能整天吃喝玩乐，把朝政大事交给虞世基管理。这时国家已经很混乱，东都洛阳和西都长安都处于危难之中，坏消息天天传到朝中，但虞世基对杨广报喜不报忧，杨广整天被蒙在鼓里。

时间久了，杨广听到一些风声，似乎预感到隋朝江山不稳，夜间观星相，预测吉凶，越看越不妙，一次竟突然对肖皇后说："我的脑袋长得很好，不知以后谁能把它砍掉!"皇后闻听此言吓了一跳，他却不以为然，认为"贵贱苦乐的滋味都应尝一尝。"

杨广嘴上如此说，实际还是怕有人砍头，他不去想如何平定

隋五牙战船(复原图)

中原混乱局势，却想再往南走，迁都至丹阳(今南京)，并派人修建丹阳宫。

随着杨广来到江都一年多的禁军思乡情切，想尽快回家探望亲人眷属。但是，杨广不仅不打算回关中，反而要南下丹阳，所以禁军都心怀不满。一位叫窦贤的将领率众人潜逃，结果被杨广派兵捉回，全部杀死。这件事发生以后，另外几个禁军将领司马德戡、元礼、裴虔通等在一起密谋，一致认为，与其等死，不如谋反，将暴君杨广杀死。

这天，司马德戡在禁军中间散布说，皇帝得知大家都想回关中，非常恼怒，备下了毒酒，准备以犒赏禁军的名义，将大家全部毒死。此言一出，迅速传开，禁军中像炸了锅一样，个个都想造反。司马德戡带头起事，几万禁军积极响应，很快包围了皇宫。有人在东城放火，杨广在宫内发现火光，听到声音，问值班的元礼、裴虔通发生了什么事，两人齐答："草坊起火。"

不一会儿，元礼打开宫门，禁军冲进皇宫，杨广的近臣宇文化即捉住杨广，押到前殿，司马德戡和裴虔通各拿一把大刀，站在杨广身旁。

杨广从来没见过这种阵势，战战兢兢地问："你，你们要做什么……我有何罪?"

禁军郎将马文举代表大家列举了杨广的种种罪行：违弃亲庙、到处巡游、骚扰百姓、骄奢淫逸、草菅人命、频繁对外征讨、无数兵丁百姓死亡、民穷国贫、盗贼四起，还要迁都丹阳……

杨广觉得马文举说的句句是实话，叹了口气说："我是对不起百姓……"

杨广 12 岁的儿子杨杲，在杨广身边大哭，裴虔通挥手一刀，将他杀死，杨广吓得脸色惨白，说："天子不能用锋刃，拿毒酒来吧!"但是，将领们不同意，杨广无奈，解下身上的丝带，交给马文举。两位将领在杨广的脖颈上缠了几圈，然后用力一拽，这个杀父害兄的皇帝，只挣扎几下，便结束了罪恶的一生。至此，杨广共在位 14 年。

李渊在长安听到杨广被杀的消息，似乎有些难过，并且流了泪，毕竟他们是表兄弟。实际上，把杨广赶下皇帝宝座，也正是李渊的打算，没料到禁军将领们替他除掉了这个绊脚石。

不久，李渊觉得时机成熟，便逼使小皇帝杨侑禅位。

38 年前，杨侑的祖父杨坚篡周，逼着小皇帝宇文阐禅位；38 年后，李渊又逼使杨坚的孙子让位，历史重大事件，有时相似得惊人。

大业十四年（618）隋炀帝死后，李渊废掉隋恭帝杨侑，改国号为唐，自己当上了皇帝，称为唐高祖，定都长安。经过一段时间的东征西讨，终于统一了天下。

点评：

纵观这段历史不难发现，李渊建唐有其历史的必然，他与其他实权派相比有以下优势：

(1)显赫的出身让他有政治上的优势，这是其他实权派所不具备的，也是他得天独厚的有利条件。

(2)他有一个稳定的后方和超前的用人观念。他长期驻扎关中，有自己雄厚的经济基础和强悍的军队。在用人上，他认为要"接待人伦，不限贵贱"，"卜祝庸保，量能使用"，这使得大量人才都投奔他，为他以后的发展奠定了基础。

⑶李渊所在的关中受隋末农民运动冲击较小，并且他手中有兵有粮，这是李密和王世充这些实力派所不具备的，这让李渊战备充足。

在大唐王朝的创建过程中，李世民起到了极大的推动作用，并且在统一王朝的战争中立下了赫赫战功，这也为以后“玄武门之变”埋下了伏笔。

相关链接：

李渊小传

李渊（566~635）即唐高祖，字叔德，唐朝建立者，公元618—626年在位。先世本为赵郡（今河北赵县）李氏。祖父李虎，西魏时官至太尉，父李炳，北周时历官御史大夫、安州总管、柱国大将军，母为隋文帝独孤皇后之姐。

隋炀帝即位后，李渊任荥阳、楼烦（今山西静乐）二郡太守。后被召为殿内少监，迁卫尉少卿。大业十一年（615），拜山西河东慰抚大使。十三年（617），拜太原留守。后与次子李世民在大业十三年（617）五月起事，十一月攻拔长安，初立炀帝之孙代王杨侑为天子（恭帝），改元义宁，遥尊炀帝为太上皇；又以杨侑名义自加假黄钺、使持节、大都督内外诸军事、尚书令、大丞相，进封唐王，总理万机。

大业十四年（618）五月，李渊称帝，改国号唐，定都长安。不久，唐统一了全国。李渊在位时期，依据隋文帝旧制，重新建立了中央及地方行政制度，又修订律令格式，颁布均田制及租庸调制，重建府兵制，为唐代的职官、刑律、兵制、土地及课役等制度奠定了基础。至武德七年（624），全国基本平定，重新建立了强大的中央集权的封建国家。

武德九年（626）六月初四爆发了玄武门之变。李渊传位李世民，自称太上皇。李渊在度过一段闲散失意的生活后，死于太安宫。谥大武皇帝，庙号高祖，葬于献陵。

政治家没有对错之分，只有成败之说。

第二章　玄武门之变

唐武德九年(626)六月初四，秦王李世民在长安皇宫的北门——玄武门发动了一次宫廷政变，杀死亲兄太子李建成和亲弟齐王李元吉，并诛戮两家亲眷僚属多人，事后还迫使唐高祖李渊交出皇权。历史上称这次宫廷政变为“玄武门之变”。

唐高祖李渊有四个儿子，三儿子李元霸早死，李渊称帝后封大儿子李建成为太子，二儿子李世民为秦王，四儿子李元吉为齐王。三个人当中，数李世民功劳最大。太原起兵，原是他的主意，在以后几次战斗中，他立的战功也最多。李建成的战功不如李世民，只是因为他是唐高祖的大儿子，才取得太子的地位。

李世民不但有勇有谋，而且手下有一批人才，文的有房玄龄、杜如晦等，号称“十八学士”；武的有尉迟敬德、秦叔宝、程咬金等著名勇将。太子李建成知道自己威信比不上李世民，心里妒忌，就和弟弟齐王李元吉联合，一起排挤李世民。

李建成、李元吉知道唐高祖宠爱一些妃子，就经常在这些宠妃面前拍马送礼，讨她们的欢喜。李世民就从来没有这样做。李世民平定东都之后，有的妃子私下向李世民索取隋宫里的珍宝，还为她们的亲戚谋官做，都被李世民一一拒绝了。于是，宠妃们常常在唐高祖面前说太子的好话，讲秦王的坏话，唐高祖听信宠妃的话，跟李世民渐渐疏远起来。

有一次，李建成请李世民到东宫去喝酒，李世民喝了几盅，忽然感到肚子痛，下人把他扶回家里，他一阵疼痛，竟呕出血来。李世民心里明白，一定是建成在酒里下了毒，赶快请医服药，总算慢慢好了。

李建成、李元吉想害李世民，但是又怕李世民手下勇将多，真的动起手来，怕占不到便宜，就想先把这些勇将收买过来。

李建成私下派人送了一封信给秦王手下的勇将尉迟敬德，表示要跟尉迟敬德交个朋友，还给尉迟敬德送去一车金银。尉迟敬德跟李建成的使者说："我是秦王的部下，如果私下跟太子来往，对秦王三心二意，我就成了个贪利忘义的小人。这样的人对

玄武门之变

太子又有什么用呢。”说完，他把一车金银原封不动地退回去了。

李建成受到尉迟敬德的拒绝，气得要命。当天夜里，李元吉派了个刺客到尉迟敬德家去行刺。尉迟敬德早就料到李建成他们不会放过他，到了晚上，故意把大门打开。刺客溜进院子，隔着窗户偷看，只见尉迟敬德斜靠在床上，身边放着丈八长矛，刺客本来知道他的名气，见他早有防备，没敢动手，偷偷地溜回去了。

李建成、李元吉一计不成，又生一计。那时候，突厥进犯中原，李建成向唐高祖建议，让李元吉代替李世民带兵北征。唐高祖任命李元吉做主帅后，李元吉又请求把尉迟敬德、秦叔宝、程咬金三员大将和秦王府的精兵都划归自己指挥。他们打算把这些将士调开以后，就可以放手杀害李世民。

有人把这个秘密计划报告了李世民。李世民感到形势紧急，连忙找长孙无忌和尉迟敬德商量，两人都劝李世民先发制人。李世民说：“兄弟互相残杀，总不是件体面的事。还是等他们动了手，我们再来对付他们。”尉迟敬德、长孙无忌都着急起来，说如果李世民不动手，他们也不愿留在秦王府白白等死。李世民看他的部下十分坚决，就下了决心。

当天夜里，李世民进宫向唐高祖告了一状，诉说太子李建成跟齐王李元吉怎么谋害他。唐高祖答应等次日一早，叫兄弟三人一起进宫，由他亲自查问。

第二天早上，李世民叫长孙无忌和尉迟敬德带了一支精兵，埋伏在皇宫北面的玄武门，只等李建成、李元吉进宫。李建成、李元吉上朝行至玄武门时，觉得周围的气氛有点反常，心里犯了疑，两人拨转马头，正准备回去。李世民从玄武门里骑马赶了出来，高喊道：“殿下，留步!”，李元吉转过身来，拿起身边的弓箭，就想射杀李世民，但是心里一慌，连弓弦都拉不开。李世民眼明手快，射出一支箭，把李建成先射死了。紧接着，尉迟敬德带了70名骑兵一起冲了出来，尉迟敬德一箭把李元吉也射下马来。东宫和齐王府的将士听到玄武门出了事，全部出动，猛攻秦王府的兵士。李世民一面指挥将士抵抗，一面派尉迟敬德进宫。

唐高祖正在皇宫里等着三人去朝见，尉迟敬德手拿长矛气喘吁吁地冲进宫来说：“太子和齐王发动叛乱，秦王已经把他们杀了。秦王怕惊动陛下，特地派我来保驾。”

唐高祖这才知道外面出了事，吓得不知道该怎么办才好。宰相萧瑀等说：“建成、元吉本来没有什么功劳，两人妒忌秦王，施用奸计，现在秦王既然已经把他们消灭，这是好事，陛下把国事交给秦王，就没事了。”

到了这步田地，唐高祖要反对也没用了，只好听左右大臣的话，宣布李建成、李元吉罪状，命令各府将士一律归秦王指挥。过了两个月，唐高祖让位给秦王，自己做了太上皇，李世民即位，他就是历史上著名的唐太宗。

点 评：

皇子间争夺皇位是历朝历代都会发生的事情，这种争夺往往是你死我活的较量。

玄武门之变是我国历史上极其重要的一次政变。李世民从小生长在民间，了解社会情况，又一直在李渊身边，熟悉官场争斗。太原起兵后一直率领军队东征西战，立下不少战功，在军队中的威望也很高，这是太子李建成所不具备的。李建成因其太子地位，更多被贵族包围，而政治、军事经验不如李世民丰富，办事也缺少李世民那样的果断和魄力，这是致命的弱点。所以到最后即使拥有太子地位也没能保住他的性命。

正如一位政治家所说：政治家没有对错之分，只有成败之说！李世民杀害兄弟，从中国古代的道德观念上来讲，应该受到历史的谴责。但是，从政治高度上来讲，这次政变对中国历史的推动作用是显而易见的。

相关链接：

李世民小传

李世民 (599~649) 即唐太宗。唐高祖次子，公元 626—649 年在位。

李世民自幼聪睿，雄豪勇猛。隋末反隋义军纷纷揭竿而起，他强烈建议其父举兵反隋。李渊和李世民父子于大业十三年 (617) 在晋阳起兵，率师先雄霸关中，迅速占领长安。李世民被封为敦煌公，右领军都督，统率右军。

李渊称帝，李世民封为秦王，任尚书令。武德九年 (626)，李世民发动玄武门之变，杀其兄皇太子李建成及弟李元吉，得立为皇太子，旋即位，次年改元贞观。

李世民在位期间，居安思危，任用贤良，虚怀纳谏，实行轻徭薄赋，疏缓刑罚的政策，并进行了一系列政治军事改革。中央官制基本沿袭三省六部制而略加变革。注意强调中书省与门下省定策、封驳的重要作用，并加强对地方官吏的考核。确立了完善的科举制度，推行均田制、租庸调制和府兵制度，国力渐趋强盛，史称“贞观之治”。贞观四年（630），李世民击败东突厥，被铁勒、回纥等族尊为“天可汗”。文成公主嫁吐蕃王松赞干布后，唐蕃交往甚密。太宗晚年，作《帝范》12篇传子，贞观二十三年（649）病卒，传位太子李治，谥文皇帝，庙号太宗，葬昭陵。

君者，舟也；庶人者，水也，水能载舟，亦能覆舟。

第三章　贞观明君唐太宗

唐太宗在位 23 年，由于他的年号是贞观，历史上将这段时期称为贞观时期。李世民登基之前，亲身经历了隋末的社会大动乱，目睹了隋炀帝国破身亡的惨剧，接受了隋末农民大起义的历史教训，所以在即位之后，励精图治，实行了一系列的开明政策和利国利民的措施，使唐朝政权得以巩固，社会经济得到恢复和发展，从而出现了一个比较安定祥和的社会环境。历史学家把这一时期称为“贞观之治”。他是封建帝王中的佼佼者，其文治武功光耀千古。

一、称帝前的卓越贡献

唐太宗李世民的诗作《帝京篇》中有这样的诗句，“人道恶高危，虚心戒盈荡；纳善察忠谏，明科慎刑赏；奉天竭诚敬，临民思惠养。”它集中体现了唐太宗治国的政治思想。

隋开皇十七年十二月（598），李世民出生在今陕西武功县一个官僚贵族家庭。李家自西魏开始就具有显赫的政治背景，李渊又与隋文帝是姻亲，这种皇亲、官僚、显贵三位一体的家庭环境，对李世民产生了积极的影响。特别是父辈崇尚武功的传统，使他从小就知道了武力的重要性。在他 8 岁那年，杨广弑杀了父亲隋文帝，成为皇帝。从此，天地为之巨变，兴土木，造宫殿，连续三次远征高丽，真可谓“六军不息，百役繁兴，行者不归，居者失业”！天下大乱，民变四起。大业七年（611），山东邹平县农民王薄率先发动了武装起义。一时间，各地农民起义也风起云涌，接连不断，隋朝统治阶级内部的各种势力也开始相互斗争，隋朝从此走上了土崩瓦解的道路。大业九年(613)，重臣杨素之子杨玄感发动了大规模反隋起义，给予隋炀帝政权以沉重打击。两个月后，反叛被镇压下去，但此时全国各地的农民起义已此起彼伏，隋王朝摇摇欲坠。

隋大业十三年（617），李渊出任太原留守，李世民随父赴任。这时，瓦岗寨李密的农民义军已横扫中原，率百万大军围困洛阳，隋炀帝逃往扬州。太原本是北方军事重镇，如今也被起义军包围。走上穷途末路的隋炀帝，已惶惶不可终日，对大臣无端猜忌，动则处罚无过大臣。在这种情况下，李渊也受到隋炀帝的猜忌，开始想要反隋。至于年轻有为的李世民，早就在内心唾弃了腐朽不堪的隋朝统治者。他仗义疏财，私下结交义士、侠客，赢得了不少有识之士为其出谋划策。当时的晋阳县令刘文静和晋阳宫副监裴寂都是李世民的莫逆之交，他们二人与李世民一道多方劝说李渊尽快起事，李渊终于下定了决心。

大业十三年（617）五月，李渊在太原起事。李世民建议稳住突厥，化敌为友，以解除后顾之忧。他被派往突厥，一为建立友好关系，二为借兵。随后，李渊建立了左、中、右三军，李世民被任命为敦煌公、右路军大都督，统率右军，这是李世民第一次崭露锋芒。然而，李渊出师不久就遇到了劲敌——固守在霍邑(今山西霍县)的隋虎牙郎将宋老生的抵抗。当时正遇上阴雨连绵，军饷尚未运到，突厥援军也迟迟未到，形势十分不利。在这个时刻，李渊心生退却之意，不知是否该起兵反隋。李世民及时劝止了父亲的这种想法，使李渊坚定了信心，及时挽救了唐王朝的创建事业。八月初，攻打霍邑的冲锋号角再次吹响了，激战中，李世民血染战袍，身先士卒。李氏大军以血肉之躯拿下了霍邑城。

唐太宗李世民像

此后，李渊又率军东进，在遇到驻河东蒲州隋将屈突通的顽强抵抗时，李渊部队内部意见不一。一部分人主张先收复河东，待扫除后患之后再进攻长安。但李世民认为与屈突通对峙，既消耗兵力，又会贻误大好战机。屈独守一隅，不会对攻打长安构成威胁，应迅速向长安进军。李渊再次听从了李世民的这一大胆建议，将主力部队向西开进，直捣隋都长安。此时，李渊还给予李世民更大的权力，使之收编各路归附李氏的地主武装，李世民的西路军迅速发展到十多万人。十一月，攻打长安，西路军英勇善战，为战役的最后胜利建立了功勋。由于关中历来为兵家必争之地，李氏首先占据了长安，为其以后统一全国建立了稳固的根据地。隋大业十四年（618）五月，李渊正式即位，国号为唐。同年，李世民被任命为尚书令，改封秦王。

在当时，李渊政权还不十分稳固。在隋末的政治舞台上，李氏的实力并非最强，谁能顺乎形势，采取正确的作战方针，谁才能最终取得胜利。秦王李世民为唐朝的统一大业，再一次开始了东征西战。他征服的第一个对手是盘踞在金城(今甘肃兰州)的薛举。当时，薛举拥兵 30 万，地理位置得天独厚。此患不除，李渊就不敢东出潼关，进兵关东。另外，薛举也志在称帝，这就对唐朝构成更大的威胁。唐武德元年（618）十一月，李世民亲自率领大军讨伐薛举。经过两次激烈的交锋，终于荡平了这一割据政权，为唐朝统一再立新功。

在关东，瓦岗军失败后，军阀王世允在洛阳称帝，建立了郑国。河北的农民领袖窦建德也自称夏王，占据河北大部分地区。北方突厥汗国更加强大，在唐北部扶植了两个傀儡：一个是占据朔方(今陕西横山)的梁师都，另一个是占据马邑的(今山西朔县)刘武周。刘武周率军南下，席卷了今山西大部。李渊主张退却，放弃河东，但李世民坚决反对退守关中，他认为太原是王业根基所在，富庶的河北，又是京师的财源之地，一旦放弃，国家前途将不堪设想。李世民主动请缨，大败刘武周，大唐王朝转危为安。

此后，李世民又转战中原，武德三年（620）七月，大军逼近洛阳。当时，河北的窦建德出于自保，亲率10万大军增援困守洛阳的王世充。李世民果断地兵分两路，一路继续攻城，一路由他带领，进驻虎牢(今河南汜水)，挡住了窦建德的去路。次年五月，决战虎牢，窦建德兵败被俘，王世充走投无路，举城降唐。郑、夏政权的灭亡，使唐朝壮大了实力。

战斗中，李世民功劳显赫，因此威信日高，权力日重。随着统一全国战争的结束，在李渊诸子之间，围绕着王位继承问题，形成了以李建成为首的“太子帮”和以李世民为首的“军功帮”的激烈角逐。其后发生的事情上节已经叙述，这里就不在赘述。

二、一代明君的业绩

李世民从秦王到皇帝，伴随着隋王朝的土崩瓦解，整个过程波澜壮阔。年轻的李世民经受了血与火的庄严洗礼和生与死的残酷考验。在风云变幻的历史舞台上，他纵横驰骋，如入无人之境。这些经历为他以后的文治武功，带来了积极的影响。

唐太宗即位之时，中央政权的基础还不十分稳固。当时，灾荒连年，百姓流离失所，无以为生。唐太宗作为新的统治者，用什么思想指导治理国家是十分重要的问题，为此，他发动群众献计献策。唐太宗深刻总结了隋炀帝的倒行逆施激起人民反抗斗争的历史教训，提出了著名的“水能载舟，亦能覆舟”的政治观点。在这种爱民、惠民思想指导下，制定了一系列去奢省费，轻徭薄赋，选用廉吏，使人民衣食有余的方针政策。

史载当时“海内升平，路不拾遗，外户不闭，商旅野宿焉”，

唐代宫乐图

“民康物阜”，“斗米不过四五钱”，“民物蕃息”，“号称太平”。这个时期是封建社会少有的治世。

（一）休养生息，安抚农业

唐太宗特别重视农业生产和农民生活。他少修或不修宫殿，修复洛阳宫殿的工程一再推迟，其他建造也较少，尽量避免劳民伤财。他全面推行均田制，招抚流离失所的逃亡农民，给他们土地，鼓励他们从事农业生产。为解决耕地不足的问题，他一再缩减囿苑占地面积，以增加农民耕地。隋朝曾在洛阳建过一座方圆120多里的上林苑，唐太宗即位后，下令改为农田。贞观十一年(637)，洛阳遭受了水灾，唐太宗又将明德宫的花圃及飞山宫的囿苑分给了洛阳附近的受灾百姓。由于均田制得到贯彻、推行，贞观年间的农民生产得到了迅速的恢复和发展。唐太宗本来患有“气疾”，住房地势偏低，夏季暑热，常常犯病。大臣们劝他重建高楼深苑，他嫌劳民伤财，没有同意。这些，为休养生息、社会安定创造了条件。皇帝以身作则、勤俭治国的精神，上行下效，蔚然成风，对社会经济的恢复和发展产生了积极影响。此外唐太宗还尽量避免和减少不必要的战争，以紧缩军费开支。直到贞观十八年(644)发兵出征高丽以前，基本上没有发动过不必要的战争。这一政策对于农民专心从事农业生产起到了很好的作用。

为了使百姓“衣食有余”，唐太宗特别重视农业生产。唐朝初年制订“庸”法，也就是农民交纳一定量的绢、布，便可代替徭役，使他们有更多的时间从事农业生产。太宗特别注意不夺农时，即不误农事。他说：“凡事皆须务本。国以人为本，人以衣食为本，凡营衣食，以不失时为本。”当太子的加冠典礼和农时发生冲突时，唐太宗“恐妨农时”，将冠礼“改用十月”农闲季

唐·木牛车

节。唐太宗还用法律手段来落实不违农时的原则，对在农忙时节擅自征发徭役、耽误农时的官员依法论处。

另一方面，唐太宗十分重视救灾，以保护农民的利益。贞观元年至三年(627—629)，关中、关东发生水、旱、蝗、霜的自然灾害，他当即“诏所在赈恤，无出今年租赋”。为减轻农民的赋役负担，发生自然灾害，唐太宗总要下令减免租赋。贞观二年(628)，关内发生严重干旱，百姓无以为生,卖儿卖女。太宗闻讯后，立即下令用自己专用财物赎回被卖出的孩子，归还其父母，太宗因此深得民心。

由于唐太宗为恢复农业生产采取了一系列措施，再加上此后连年风调雨顺，遂出现了清平盛世的景象。史书记载，当时“频致丰稔，米斗三四钱”，过往商人从京师到岭南，从山东至于沧海，皆不用自带粮食，取给于路。可谓是夜不闭户、路不拾遗。

（二）任人唯贤的用人策略

唐太宗作为一个封建社会的帝王典范，另一个重要成就就是他“任人唯贤”。他认识到，治理国家靠自己一人是不行的，应当“广任贤良”，所谓“治安之本，唯在得人”。他要求臣下推荐人才，自己也留心观察、发现和提拔有用之才，推行“任人唯贤”的路线。太宗选拔人才，基本上做到不以个人恩怨好恶为标准，也不以新旧亲疏为转移。他说：“吾为官择人，唯才是用。苟或不才，虽亲不用，如其有才，虽仇不弃。”如魏徵，原是其兄太子李建成的部下，曾劝李建成除掉李世民，玄武门之变后，李世民不计前嫌，加以重用。魏徵后来官至宰相，成为“贞观之治”的重要推动者。

唐太宗认为，所用之才不可求全责备，他说：“使人如器。”

即根据人才的情况来区别任使。太宗要求大臣封德彝举贤，封德彝回答说：“未见奇才异能。”太宗明确指出：“所有的君王用人，都是立足当时选拔，并且哪个朝代没有良才？就怕找不到而错过了啊！”唐太宗用人，也不以门第为限，他任用的宰相——张亮“素寒贱”，马周“孤贫”，戴胄出身“门下录事”。太宗用人还不以华“夷”为隔，他任用的将领，如拉史那社尔、执失思力、契苾何力等，都是少数民族。

魏徵像

同时，唐太宗也能做到用人不疑。他指出：君臣应“义均一体，宜协力同心，事有不妥，可极言无隐。倘君臣相疑，不能各尽肝膈，实为国之大害也”。魏徵任秘书监时，有人告他谋反，太宗相信魏徵不会谋反，对于诬告者未经审理，直接以诬告反坐的罪名处以死刑。

唐太宗还具有知人之明，对自己臣下的性格、能力了如指掌，因此，他能做到人尽其才。太宗曾经对魏徵说：“为官择人，不可造次。用一君子，则君子皆至；用一小人，则小人竞进矣。”正是由于唐太宗知人善任、任人唯贤，使得贞观年间涌现出了一批具有治国才能的杰出人才。唐太宗靠这批人才尽心竭力的辅佐，使唐王朝出现了“贞观之治”的盛世局面。贞观十七年(643)，唐太宗命人画开国的24位功臣相貌于凌烟阁，长孙无忌、李孝恭、杜如晦、魏徵、房玄龄、高士廉等都在其列。士庶景仰，成为美谈。

唐太宗是一个善于采纳大家意见，明辨是非，择善而从的君主，还能举贤任能，量才适用。只要是有才干的人，不论出身贵贱，不论从前跟随的是何人，都为其所用。他不计个人恩怨和私利，任人唯贤，不避远近亲疏。他手下的文武大臣，隋朝的旧臣有李纲、封伦；徐世勣、秦叔宝、程咬金则来自瓦岗军，这就为强有力的领导核心提供了组织保证。随后，唐太宗又对中央机构进行了一系列的改革，改造了三省六部制，为唐王朝的宰相制度奠定了基础。为使中央各部门之间相互监督，他特别强调在实践中坚持讨论、封驳、执行相结合的原则，推行“五花判事”制度。与此同时，行政机构也得到精简，贞观初年文武官员总共只有640员。精简了国家机器，效率得到了提高，既节省了财政开支，又减轻了人民负担。

（三）从谏如流的执政方针

“以铜为镜，可以正衣冠；以古为镜，可以知兴替；以人为镜，可以明得失。”这是唐太宗的名言。事实也正是如此，他能做到“以人为镜”，虚心听取批评意见，他虚怀若谷，从谏如流。不仅能听取反面意见，而且“恐人不谏，导之使谏”，主动鼓励臣下提不同的意见。为消除君臣之间的隔阂，减轻对方的畏惧心理，他在和大臣讨论问题时，总是和颜悦色。对于能够“坦言直谏”的人，还特别赏识，“以师友待之”。大臣李百药提出宫女众多，问题很严重，太宗立即下令释放三千宫女，任其自由嫁人。贞观三年（629），唐太宗准备将不满18岁的男子也征入军队，魏徵坚决反对，他认为,如将全国的中男(18至20岁的男子)都去充军，租调徭役将无人负担。另外，兵不在多，而在于精，不能只要数量不要质量。唐太宗开始很不理解，但想一想魏徵言之有理，还是收回了成命。这样的事例在贞观年间，多得数不胜数。许多人犯颜直谏，不仅没事，反而受到奖赏和重用。在当时，不管身份职位高低都敢于针砭时弊。在这种活跃的气氛下，唐太宗避免了许多决策上的失误，加强了地主阶级统治集团内部的团结，正如唐太宗自己所说的：“皇帝虽是美玉，还须来自良

魏徵公园石像

工巧匠——臣下的‘琢磨’。”

太宗善于纳谏，他对侍臣说：“朕冀凭直言鲠议，致天下太平。”唐太宗对于臣下的谏书，相当重视。他说：“比有上书奏事，条数甚多，朕总粘之屋壁，出入观省。所以孜孜不倦者，欲尽臣下之情。每一思政理，或三更方寝。”魏徵和唐太宗的关系是贞观朝进谏和纳谏的典范。魏徵先事李密，后又事太子李建成。唐太宗不计恩怨，任命魏徵为谏议大夫。魏徵说:“帝王之所以明者，兼听也；其所以暗者，偏也。”魏征怀着“耻君不及尧、舜”的忠诚，在贞观年间，无论是国家政事，还是太宗个人行为，只要他认为不妥的，便直言进谏，即使冒犯“龙颜”，也在所不顾。而唐太宗认为，魏徵“每犯颜进谏，不许我为非，我所以重之也”，对于魏徵的谏议多予采纳。魏徵进谏，唐太宗纳谏，成为封建社会君明臣贤的美谈。唐太宗被誉为“从谏如流”的明君，是与魏徵不断直谏密切相关的。经过贞观君臣的共同努力，很快就形成了“臣以进言为忠，君以听言为急”的和谐局面。魏徵去世时，唐太宗十分难过，他说：“夫以铜为镜，可以正衣冠；以古为镜，可以知兴替；以人为镜，可以明得失。朕常保此三镜，以防己过。今魏徵征殂逝，遂亡一镜矣。”并为魏徵亲笔撰写碑文。

在唐太宗的倡导下，进谏蔚然成风，不仅大臣能进谏，连宫中的长孙皇后、徐贤妃也能进谏。而唐太宗纳谏的程度，远远超出了以“豁达大度，从谏如流”而著称的汉高祖。唐太宗对能直言进谏的官员，不仅不加责备，反而还常给予奖励。如给事中张玄素谏修洛阳宫殿，赏绢 200 匹；孙伏伽谏刑赏不当，赏以价值百万钱的兰陵公主园；魏徵谏用人不当，赏绢 500 匹。这不仅表彰了进谏的臣下，而且也起到了鼓励进谏的作用。

为了集思广益，唐太宗把各种行之有效的政策制度化。他规定：三品以上官员入阁议事，要有谏官随同，有失便谏。贞观元年（627），唐太宗下诏“宰相入内平章国计，必使谏官随入，预闻政事”，参与讨论。唐太宗还规定：五品以上京官，要轮流到宫中值宿，以便皇帝召见，询问外间事务，了解民间疾苦，以及政事得失，使下情得以上达。另外，唐太宗还建立了“五花叛事”制度。所谓“五花叛事”就是对于军国大事，中书舍人可以各执所见，各署其名。唐朝制度，经过朝廷议决的政策，交给中书舍人草诏，舍人五员各执所见，各书一诏，署名后交给中书省长官选择。因此出来的诏令，很少出现错误。唐太宗之所以能成为封建帝王的典范，可以说，与他能够知人善任、兼听纳谏关系极大。

（四）其他方面的卓越成就

贞观初年，突厥奴隶主贵族仍不断发动南侵，极大威胁了唐朝北疆的安定。但在当时的情况下，唐太宗主张采取积极防御的对外关系策略，他一方面采取克制态度，缓和矛盾；另一方面又积极训练士兵，准备坚决反击突厥。他亲自训练精锐，使军队的战斗力大大提高。贞观三年（629），大将李靖等分道出击东突厥，取得了决定性的胜利。平定东突厥之后，广设州府，安置降众，不仅消除边患，也缓和了民族矛盾。唐太宗还派遣文成公主和亲吐蕃，使汉藏民族关系史揭开了新的一页，对中国多民族国家的形成作出了贡献，这都是后话。但从此以后，唐北部边疆五十年太平无事。

贞观九年（635），唐太宗又先后平定了吐谷浑，统一了高昌，打击了西突厥，开拓了与西方往来的商路，增强了东西方的文化交流。他提倡“胡越一家”，“我为天下主，无问中国和四夷，皆养活之”。除在不得已的情况下被迫以武力抵抗外侵外，唐太宗很少先动干戈。修好四邻，团结少数民族，使大唐王朝声威远播，唐太宗本人也在少数民族人民中赢得了“天可汗”的美誉。

唐太宗虽然是凭借武功走上皇位的，但他格外重视思想教化，积极提倡儒学，大力兴办学校，组织人力编修史书。早期，他就组织了“文学馆”，网罗了十八学士在自己周围，作为“智囊团”。即位以后，唐太宗又设立了“弘文馆”以管理学校、著书立说、培养选拔人才。唐太宗还亲自视察国子监和太学，增筑学舍，增加学员。贞观时期，科举制也有了新发展，各科目争奇斗艳。而进士科考试要试策论和经史，不仅提高了此科的地位，还有利于人才的全面发展。上述措施，直接促进了封建文化的发展，使贞观时期成为唐代教育史上的黄金时代。

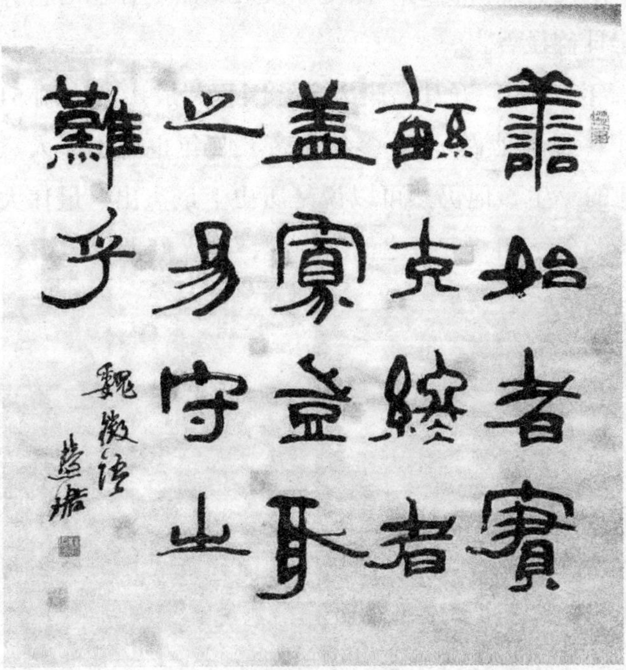

魏徵书法

此外，他审立法令，反对严刑峻法，要求它有相对的稳定性，认为“法令数变，则吏得为奸”，会给贪官污吏以可乘之机。

唐太宗是封建社会最伟大和最开明的一位帝王，在其不算太长的帝王位置上做出了杰出的贡献，为唐王朝接下来的强盛奠定了坚实的基础。在他登上王位的20多年后，国势昌盛、经济繁荣，这就是历史上受人推崇的“贞观之治”。贞观初年，中原一带“茫茫千里，人烟断绝，鸡犬不闻，道路萧条”的局面不见了，现在是“马牛布野，外户不闭”；“商旅野次，无复盗贼”的升平气象。由于社会经济得到了恢复和发展，唐朝在当时世界上的地位和影响日益显著。

贞观二十三年（649）五月，唐太宗终因积劳成疾，刚刚51岁就与世长辞了。虽然他做了20多年皇帝，晚年也有不如人意之举，但纵观他的一生，他仍然可以说是历史上最杰出、最伟大的封建君主，他的名字和“贞观之治”一起，被人们世代传颂。

点评：

通过这段历史可以发现，任人唯贤、从谏如流是唐太宗政治上取得成功的两个重要的主观原因。

唐太宗李世民从少年时代起，亲眼看到了强盛无比的隋王朝被隋炀帝的暴政迅速推上灭亡之路的过程，他看到了农民的力量，他既亲身经历了打江山的残酷斗争，深知创业之难；又从隋炀帝身上，悟出守业更难的道理，这使他时刻保持着清醒。因此，在唐太宗身上，总能看到一种来自农民革命风暴对地主阶级的震撼力量，这种力量使他能兢兢业业，居安思危，励精图治。

对于政治人物的评价从来都是不完美的，唐太宗李世民是一个优秀的政治家，但从某种意义上他却不是一个好儿子，不是一个好兄弟。玄武门之变改变了他的命运，但同时也改变了中国的命运，太子李建成登上皇位可能会让唐朝像隋朝一样快速地走向覆灭，因为当时的唐朝确实需要一个像李世民这样的明君。历史就是历史，没有成为历史的事情只有靠我们去猜测了。

相关链接：

魏徵小传

魏徵（580~643）是唐朝政治家、文学家。字玄成，巨鹿（今属河北）人，后移居相州内黄（今属河南）。

魏徵少年时就成了孤儿，家道贫寒，出家当了道士。隋乱，魏徵投瓦岗军，后随李密降唐，授秘书丞，但都没有取得李密的信任，曾被窦建德所俘，建德兵败后，入唐为太子洗马。

太宗即位，魏徵擢谏议大夫，封巨鹿县男。前后陈谏二百余事。贞观三年（629），以秘书监参与朝政。不久又进侍中，封郑国公。死后被封为文贞，为贞观年间著名诤臣。

魏徵曾主持《隋书》、《群书治要》的编撰，《隋书》序论与《梁书》、《齐书》、《陈书》诸总论皆出其手。他的文章虽为骈偶之体，但是不拘于声律，不事雕琢，不尚用典。所为奏疏，词旨剀切畅达，析理简要深刻。《谏太宗十思疏》、《十渐不克终疏》为传世名作。其诗多为颂功祀神的作品。但五古《述怀》一篇，意气慷慨，格调不凡。

一个成功男人的背后总会有个贤惠的女人在默默地支持！唐太宗之所以能取得卓越的政治成就，其中也少不了皇后长孙氏的鼎力相助。

第四章　贤德皇后长孙氏

在九罗山下的昭陵，长眠着一位皇后，被人们称为贤德皇后，她就是唐太宗李世民的结发爱妻长孙皇后。

唐太宗文德皇后长孙氏，河南洛阳人。她祖先是北魏拓跋氏的后代。她父亲长孙晟，是隋朝右骁卫将军。唐武德九年(626)，李世民继位为皇帝，立长孙氏为皇后。

长孙氏从小就喜欢读书，凡事都能按礼法而行。李世民还是秦王的时候，和太子李建成、齐王李元吉不和，长孙氏尽心侍奉李渊，尽力处好与太子、齐王妃嫔的关系，力争在李氏父子之间创造一种和谐的气氛，对李世民帮助很大。成为一国之母的皇后，长孙氏厉行节俭，深受唐太宗的敬重。唐太宗曾和她探讨赏罚之事，她觉得妇人不该参与朝政，坚持不发表意见。

长孙氏身为皇后，从不为自己谋私利。她哥哥长孙无忌和李世民交情很深，又很有才干，李世民多次想任用长孙无忌为宰相，长孙氏总是提醒李世民不要造成外戚专权的后果。皇后的女儿长乐公主出嫁时，唐太宗下令要送比永嘉长公主(李渊之女)多一倍的陪嫁。魏徵认为这样做有悖于礼数。长孙皇后闻知后，赞叹魏徵“真社稷之臣也”，劝唐太宗听从魏徵的劝谏。

一次唐太宗下朝后回到后宫，怒气冲冲地说：“我一定要杀了这个乡巴佬。”皇后问是谁，太宗说：“魏徵总是在朝廷上让我难堪。”皇后闻言，回到寝殿换了一身朝服，立到庭院里。太宗惊奇问其缘故，皇后说：“妾听说主上若贤明，臣下就忠直；如今魏徵忠诚耿直，是由于陛下的贤明啊，妾怎敢不祝贺呢!”李世民这才放弃了要杀魏徵的念头，并认为皇后非一般女子。

唐敦煌壁画(反弹琵琶)

长孙皇后本性仁慈节俭。豫章公主幼年时母亲去世，皇后收养了她，关爱程度超过了亲生儿女。嫔妃们生病，皇后总要亲自去探看，经常把自己的药膳让给病人疗病补养，宫中的所有人对皇后无不爱戴。皇后训诫子女们要谦和节俭。太子的乳母曾上报东宫费用少，请求增加一些，皇后说：“作为太子，应该担心他德操的好坏，名声的美恶。”最后没有答应增加费用。

唐太宗患有一种疾病，几年没有痊愈。长孙皇后精心侍奉，昼夜不离病榻。皇后时常在衣带上系有一包毒药，表示如果唐太宗去世，自己要追随于他。皇后患有气疾(现在怀疑是气管炎)，有一次随唐太宗到九成宫，柴绍晚上来报告朝廷发生变故，唐太宗披甲出门询问情况，皇后抱病紧随身边。左右侍从劝她不要出去，皇后说：“皇上已被惊扰，我怎能心安呢!”并由此病情加剧。

皇后已预感到自己大限将到，于是和唐太宗诀别。当时房玄龄因故被免官，皇后对唐太宗说：“玄龄侍奉陛下时间较长，小心谨慎，奇谋秘计，从未泄露，如果没有大错误，希望不要遗弃他。我的宗亲，凭借亲近关系而获俸禄，既然不是凭才德举用，就容易招致危害，要使他们的子孙得以保全，就不要把他们安排到重要位置，保持外戚上的关系就足够了。我活着时没给人们带来好处，不可以死后害人，希望不要因为营造陵墓而使天下劳心费力，只要凭借山势建坟墓，随葬器物用些瓦木就行了。还希望陛下亲君子、远小人、纳忠谏、摒谗匿、省做役、止游猎。我虽然长眠于九泉之下，真的没什么遗憾。儿女们不必让他们常来看我，看到他们悲哀，只会让我更加难过。”于是拿出衣带上的毒药给唐太宗看，说：“我已决心在陛下不测之日，以死追随乘舆，不能处于吕后的境地。”

贞观十年(636)六月，文德皇后长孙氏死于立政殿，终年36岁。

文德皇后生前著有《女则》三十卷。皇后死后，后宫学官把皇后著作呈给唐太宗，唐太宗看后，悲恸不已，拿给近侍大臣看，说：“皇后这本书，足以垂范百世。朕不是不知天命而做无益的悲哀，只是以后进宫再也听不到劝谏之言，失去了一个贤内助，所以不能忘怀啊!”于是召回房玄龄，恢复了他的职位。

点评：

长孙皇后是历史上少见的后宫之主，她不但能处理好后宫的大小事务，更为重要的是，她能在适当的时侯给予唐太宗合理的建议。

唐太宗能成为一代明君，其背后除了有一帮有德有才的大臣支持外，更重要的是长孙皇后所给予他的帮助。唐太宗个人的成就其实更多地凝聚着这些人的努力。他的成就、他在历史中的地位是所有在他背后默默支持他的人共同努力的结果，他只不过是这些人的一个代表。

“自古红颜多薄命”，长孙皇后在生命中最美丽的时刻离开了唐太宗，但历史是不会忘记任何一个对时代有过贡献的人，不管她是在台前，还是在幕后。

相关链接：

长孙无忌小传

长孙无忌 (?~659) 唐朝著名宰相。字辅机，又作辅几。河南洛阳人，其祖出自鲜卑拓跋部贵族，父晟，隋时名将，妹为唐太宗皇后。

长孙无忌自幼勤奋好学，博通文史，性通悟，有筹略。常从唐太宗四处征讨，武德九年（626），筹划发动玄武门之变，辅佐太宗夺取帝位。

唐太宗即位，长孙无忌迁左武侯大将军。贞观元年（627），转吏部尚书，拜尚书右仆射。又因长孙无忌以盈满为诫，恳辞机密，乃拜开府仪同三司，解尚书右仆射。七年，改司空，十一年，封赵国公，十六年，进位司徒，十七年，图二十四功臣于凌烟阁，长孙无忌为之冠。加太子太师、同中书门下三品。

唐高宗即位，无忌进拜太尉，仍同中书门下三品，与褚遂良悉心奉国，使永徽之政有贞观遗风。后因反对高宗立武则天为后，受诬陷流放黔州，被迫自缢而死。

无忌曾领修《唐律疏义》、《大唐仪礼》、《永徽五礼》、《武德贞观两朝史》、《贞观实录》等书。其中《唐律疏义》是东亚著称的封建法典。

民族关系向来是我国政治生活的重中之重，唐王朝对待民族关系的观点是“偃革兴文，布德施惠，中国既安，远人自服”。

第五章　渭水之盟稳大局

对唐代全局产生过重要影响的民族，首推突厥族。突厥发祥地在准噶尔盆地以北，后迁到高昌(今新疆吐鲁番)的北山(今博格多山)。隋开皇三年(583)突厥正式分裂为东、西两部，东突厥占领漠南广大地区，西突厥则占领今天的新疆和中亚的大部分地区。隋末中原动乱，不少人向北方避乱，逃往东突厥。东突厥成为雄踞于蒙古高原的强大势力。

突厥是游牧在我国阿尔泰山一带的突厥族，住在毡帐里，食肉，饮马奶，身穿皮衣，右臂露在外面，披着头发。他们擅长骑射，以战死沙场为荣，生活习惯大体和匈奴相同。在北方的少数民族里，突厥第一个创制了自己的文字。公元 6 世纪中期，突厥人建立了突厥汗国。唐朝初年，东突厥经常南下骚扰。

唐政权建立起来之后，在处理与东突厥的关系上是十分慎重的。突厥的骨咄禄出使长安，高祖李渊甚至“引升御座以宠之”。

唐送往突蹶的“前后饷遗，不可胜纪”。

武德三年(620)东突厥处罗可汗死后，其弟颉利可汗即位，颉利可汗自恃强大，几乎年年南下扰唐。武德五年(622)，颉利可汗侵扰定、并、汾、潞四州(即今河北定县一带、山西汾水中游和长治附近的地区)，掠去男女 5000 人以上。此后，中原地区的北部不断有被突厥掳掠去的人口。到武德八年(625)，突厥和吐谷浑(活动于今青海一带的少数民族)与唐又正式建立互市关系。史书

渭水之盟

记载“先是中国丧乱，民乏耕牛，至是资于戎狱，杂畜被野”，对唐初农业生产的恢复起到了重要作用。武德九年(626)，突厥的颉利，突利两位可汗发兵40万大举南下，直逼唐都城附近的渭水桥北，刚刚即位的太宗李世民带高士廉、房玄龄等6骑亲到渭水与颉利可汗隔水对话，责备突厥负约。颉利可汗见唐太宗镇定自若，认为唐已有防备，就向太宗请和。双方在便桥上，杀白马，订立盟约。唐给突厥金帛，突厥军队撤离唐境。这就是著名的“渭水之盟”。后来，颉利可汗多次背盟南下骚扰，太宗忍无可忍，于贞观三年(629)，乘东突厥内外交困，连年灾荒之际，派李靖、李勣率大军出击，一举将其灭亡，贞观四年（630），唐军在阴山大破东突厥，俘获颉利可汗。太宗虽然数明颉利可汗的罪状，但还是授予官爵，赐给田宅，并时常宴请他。颉利可汗十分感激，在宴会上常常即兴起舞。对东突厥各部其他首领，唐太宗也给予优厚待遇，仍令他们管理旧部。其中一些人还可以出入朝廷，参与机要。东突厥亡后，其部众或北附薛廷陀，或西奔西域，还有近10万人归附于唐朝治下为民。太宗为安置降附的突厥，在幽州(今北京)至灵州(今宁夏灵武)设了顺、佑、化、长四州都督府，任用突厥贵族为都督，进行行政管辖。

贞观二十二年(648)，原西突厥的叶户(突厥一等大臣或别部大首领)阿史那贺鲁被乙毗射匮可汗逼逐，率众归附唐朝。第二年，阿史那贺鲁因为讨伐龟兹有功，被太宗提升为瑶池府都，率领他的部众居住在庭州莫贺城(今新疆吉木萨尔西)。阿史那贺鲁从此秘密召集离散的部众，势力日盛。永徽二年(651)，阿史那贺鲁率兵击破了乙毗射匮可汗。阿史那贺鲁自称沙钵罗可汗，逐渐统一了西突厥十姓部落，同时还胁迫许多西域诸国归属他。此时，沙钵罗可汗已拥兵数十万，羽翼十分丰满了。于是，他便公开叛唐，不断侵扰唐西部边境，杀掠边民。从永徽三年(652)起，朝廷屡次派兵征讨西突厥的沙钵罗可汗。唐朝著名的“安西四镇”即龟兹、疏勒、于阗和碎叶，就是在与西突厥的斗争中建立起来的。显庆四年(659)，终于彻底击灭了西突厥，在其故地设置了昆陵和濛池两个都护府。

唐与突厥和平相处，对双方都有极大好处，唐太宗以较为开明的民族政策，赢得各民族的拥戴。北方各族尊称他为“天可汗”(意思是各族共同的君长)。后来，唐太宗和武则天先后在西突厥地区设立管辖西域的最高行政机构和军事机构——西域都护府和北庭都护府。

北部边境得到安宁，为唐朝经济、文化的发展创造了有利条件。

点 评：

民族关系向来是中国政治生活中的重中之重，能不能处理好当时的民族关系，是检验执政者能力的一个标尺。

唐太宗不愧是从战争中走出来的开明皇帝，在重兵压境的情况下，运用心理战术和敌人定下了著名的“渭水之盟”，为唐王朝的繁荣发展争取了宝贵的时间。

在渭水之盟以后，唐太宗采纳魏征对待少数民族的主张“偃革兴文，布德施惠，中国既安，远人自服”。致力于生产的恢复和内政的修明，为下一步统一各民族打下坚实的基础。对于突厥三番五次的违反约定，唐太宗在贞观三年（629），果断地采取了强硬措施，打击了突厥的嚣张气焰。其后采取了安抚政策，册封了颉利可汗，起到了稳定北部其他各民族的作用。

唐王朝大败突厥，也为以后世界著名的丝绸之路打开了第一个关口，对唐王朝的经济发展和对外交流起到了积极的促进作用。

相关链接：

突厥的由来

突厥是中国古代少数民族。在南北朝至唐朝时住在现今中国西北地区。现代土耳其人，认为自己是突厥的直系后裔，他们认为突厥的历史可以追溯到公元48年建立政权的北匈奴。公元6世纪突厥部落游牧于金山（今阿尔泰山），初归附于柔然族。西魏时首领土门击败铁勒，破柔然，建立政权，东至辽海，西抵西海（咸海），北越贝加尔湖，南接阿姆河南，建立了官制，有立法，有文字。隋初分裂为东西两部，唐太宗贞观四年攻灭东突厥，显庆四年唐又灭西突厥，余部西迁中亚。但是在武后（武则天）时期，再度建立后突厥政权，约在公元7世纪末8世纪初。最后亡于回纥。突厥人主要讲突厥语。突厥语属阿尔泰语系，跟蒙古语是兄弟语言。

这是中国历史上最伟大的一次民族联姻。

第六章 文成公主联姻西藏

唐太宗李世民执政的时期，史称“贞观之治”，是中国历史上最兴盛富强的时候，许多小国甘愿俯首称臣。有的国家和民族，则通过联姻的形式，以加强与唐朝之间的友好关系。

正当唐朝繁荣发展的时候，在西藏高原上，出现了一个强大的少数民族政权——吐蕃。吐蕃人是藏族的祖先，生活在青藏高原上，过着农耕和游牧的生活。吐蕃人骁勇善战，他们认为战死是光荣的，谁要是临阵逃跑，大家就拿一个狐狸尾巴挂在他的帽子上，嘲笑他像狐狸一样胆小。吐蕃人的首领称为“赞普”，意思是雄壮强悍的男子。

贞观三年（629），吐蕃赞普松赞干布的父亲朗日伦赞统一了西藏各个部落。松赞干布出生于西藏高原的泽当，在他13岁的时候，吐蕃毗王族的残部大搞分裂，爆发了叛乱，朗日伦赞被毒死了。年轻的松赞干布担负起平定叛乱和反击侵略的任务，他在中小贵族的帮助下，平定了叛乱，维护了吐蕃王朝的统一。他做了赞普，把都城迁到逻些(现在的拉萨)，制订官制和法律，创立王田制度，建立了强大的奴隶制政权。

这时候，正是唐太宗贞观年间，松赞干布非常羡慕唐朝的文化，要和唐朝建立友好关系。贞观八年（634），他第一次派遣使臣前往长安访问。唐太宗很快就派使臣回访，从此，汉藏两族关系越来越密切了。

不久松赞干布派使臣，带着丰盛的礼物，到唐朝向皇室求婚。唐太宗没有同意。使臣回到吐蕃，怕受到惩罚，编了一通假话，说："刚到唐朝的时候，他们对我的欢迎非常隆重，同意将公主嫁给大王。后来吐谷浑王也来求婚，唐朝天子又不同意了。看来一定是吐谷浑王在中间说了坏话。"松赞干布听了非常生气，马上发兵攻打吐谷浑。吐谷浑力量很小，哪里是吐蕃的对手,刚一交锋，就被打败了。于是，松赞干布又派使臣带着厚礼去长安，并且扬言："我们是来接公主的，如果不把公主嫁给我们赞普，我们的军队随后就到!"

松赞干布像

唐太宗派吏部尚书侯君集带兵讨伐吐蕃。

松赞干布骄傲轻敌，结果被打得大败，收兵退回逻些。

松赞干布看到唐朝这样强大，既害怕又佩服。贞观十四年(640)，他派大相(相当于宰相)禄东赞带着黄金5000两、珍宝数百件，经过数千里的草原，再一次到长安求婚。

唐太宗有21个女儿，可算不少，但年龄大的已出嫁，年龄适宜的又不愿去，因为吐蕃地处偏远，气候寒冷，又不是一个民族，生活习惯不一样。

唐太宗有些犯难，他不愿意强逼女儿远嫁吐蕃。有一天，他对族弟江夏王李道宗说："吐蕃国王来求婚，可我的女儿们却不愿去，她们不明白，这桩婚姻能抵十万雄兵。"

李道宗回到府中把唐太宗这句话对女儿说了，不料，他女儿说道："既然此桩婚姻如此重要，女儿去如何？"李道宗没想到女儿会主动要求去，他舍不得她去，但以国事为重，还是禀报了唐太宗，唐太宗闻听非常高兴，封李道宗女儿为文成公主。

传说正在此时，其他一些国家也派使臣来长安求婚，他们都带着贵重的礼物，想要娶唐朝的公主。究竟把公主嫁给谁呢？唐太宗决定出几个难题，考一考这些使臣，看谁聪明能干，再做决定。

唐太宗把各位使臣请到宫里，拿出一颗九曲明珠和一束丝线，对他们说："你们当中谁能把丝线穿到明珠中间的孔，就将公主嫁给谁的国王。"原来，这颗明珠有两个相通的珠孔，一个在旁边，一个在正中，中间的孔弯弯曲曲，所以叫九曲明珠。要想用一根软软的丝线穿过去，非常困难。几位使臣拿着丝线直发愁。禄东赞很快就想出一个办法，他找到一只蚂蚁，用一条马尾鬃拴在蚂蚁的腰上，把蚂蚁放到九曲明珠的孔内。然后不断地向孔里吹气。一会儿，这只蚂蚁便拖着鬃从另一端的孔中钻了出来。禄东赞再把丝线接在马尾鬃上，轻轻一拉，丝线就穿过了九曲明珠。唐太宗见禄东赞这样聪明，很高兴。

接着，唐太宗又出了第二道难题，他让人把使臣们带到御马场。御马场左右两个大圈，一边是一百匹母马，一边是一百匹马驹。唐太宗要求使臣把它们的母子关系辨认出来。其他几个使臣束手无策，只有禄东赞想出了办法。他运用吐蕃人民在游牧方面的丰富经验，让人暂时不给马驹吃草和饮水。过了一天，他把母马和马驹同时放了出来。只见母马嘶叫，马驹哀鸣，小马驹一个个跑向自己的母亲去吃奶，它们的母子关系就这样被禄东赞辨认出来了。禄东赞恳求道："马的母子关系已经辨清，请陛下将公主嫁给我们的赞普。"唐太宗说："还要再考一次，然后决定。"

当天夜里，宫里钟鼓齐鸣，皇帝传召各国使臣入宫。其他几

拉萨大昭寺内的文成公主入藏壁画

位使臣急忙穿戴整齐赶到宫里。只有禄东赞想得周到，他因初到长安，路途不熟，怕回来的时候找不到路，就让随从带着红染料，在去皇宫途中的十字路口都做了记号。原来唐太宗是让各国使者到宫里看戏，看完戏，唐太宗说："你们各寻归路吧，谁能最先回到住处，就把公主许给谁的国王。"禄东赞有记号指引，很快就回到了住处。其他使臣由于不熟悉路途，摸来摸去，直到天亮以后才找到住处。

经过几次考试，禄东赞都取得了胜利。唐太宗非常高兴，心里想：松赞干布的使臣都这样聪明、机智，松赞干布自己更不用说了，于是，决定将文成公主嫁给吐蕃赞普。

唐太宗李世民对文成公主的婚嫁当做一桩大事，首先在边境建造一座行宫，届时作为文成公主一行休整所用。同时准备了丰厚的嫁妆，还有一尊释迦牟尼佛像，此外包括图书、农作物种子、生活用品、各类工匠等。贞观十五年（641）正月，礼部尚书、江夏王李道宗(文成公主父亲)为送亲特使，率 3000 羽林军护送文成公主离开长安，普通百姓主动相送，送行队伍有 20 多里长。

文成公主出嫁的消息传到吐蕃以后，引起了吐蕃人民莫大的喜悦和兴趣。为了减少公主在旅途中的劳累，他们在很多地方都准备了马匹、牦牛、船只、食物和饮水，以表示对公主的热烈欢迎。文成公主一行路过百南巴(今青海省玉树县南部)，见当地居民不会种庄稼，公主便让随行的农民教他们种大麦、燕麦；让石匠在河上安装水磨，百姓们非常感激，给文成公主立了一尊石像做纪念。

一路上，随行的工匠还教会了各族人民栽桑养蚕、制作酥油等技术，走到哪里，受到哪里人民的欢迎。吐蕃王松赞干布亲自率领大队侍从和护卫人员，从逻些起程到青海去迎接。

唐太宗为文成公主一行预先在青海南部的河源修了一所负责接待的宫殿，一个多月后，公主到达河源，在河源附近的柏海，会见了前来迎接的松赞干布。他见公主举止文雅、容貌俊美，高兴得难以言表；文成公主见松赞干布英俊潇洒、剽悍威武，也十分喜欢。两人可谓一见倾心，天成地配之姻缘。

松赞干布陪同文成公主进入国都逻些(今西藏拉萨)时，万人空巷，夹道欢迎。松赞干布感到自豪和激动，为文成公主专门修建了小昭寺，将公主带来的释迦牟尼佛像供奉其中，一直保存到1300多年后的今天。当时，松赞干布以唐皇帝女婿的身份拜见了前来送行的江夏王李道宗，对唐太宗表示感谢，并请李道宗代向唐太宗问好。松赞干布陪文成公主到了逻些，他们从东北进逻

立于西藏大昭寺门前的唐蕃会盟碑

些城，乐队奏着歌曲，吐蕃人民穿着节日的服装，争着去看远道而来的赞蒙(藏语王后的意思)。

松赞干布高兴地说：“我们先辈没有和上国通婚先例，今天我能娶大唐公主，实在荣幸。我要为公主建一座城，作为纪念，让子孙万代都知道。”他按照唐朝建筑的风格，在逻些为文成公主修建了城郭和宫室，就是现在的布达拉宫。

在文成公主进入吐蕃的道路上，吐蕃的很多地名与文成公主都联系起来。青海有一座日月山，是现在青藏公路必经之处，据说1300年前，当文成公主到达这儿时，她感到过了这座山，又是一重天，远离家乡的愁思未免触景而生，唐太宗为了宽慰她，特地用黄金铸造了日月的模型各一个，远道送来，叫她带在身边，以免思念，从此这座山就命名为日月山。

青海还有一条倒淌河，这条河从东向西流入青海湖。传说文成公主从这条河开始，要弃轿骑马，进入草原。她感到从此和家乡的距离一天比一天远了，不禁痛哭失声。公主这一哭感动了天地，结果使这里发生“天下江河皆东去，唯有此水向西流”的现象。

文成公主到吐蕃，不仅带去各种谷物、蔬菜种子，而且带去了工艺品、药材、茶叶及各种书籍。

在文成公主以前，吐蕃已经有了农业，但经营粗略简单。唐朝先进生产技术传入后，吐蕃出现了小块农田，学会了防止水土流失和平整土地。吐蕃的手工业，如酿酒、造纸、造墨、缫丝等都是唐朝汉族工匠直接帮助建立的。文成公主和她的侍女，曾协助吐蕃的妇女改进纺织技术，特别是在染色和图案设计上，给吐蕃提供了很多改进。

过去吐蕃人都住帐篷，文成公主进藏后，上层人物都改住房屋。在衣着方面，吐蕃人穿的是毡裘，又笨又重。双方和亲以后，一部分人开始用绫罗绸缎。同时，用唐式石磨加工谷物，不仅省工，而且减少损耗，从而改善了人民生活。

吐蕃过去没有文字，无论什么事都用绳子打结，或在木头上刻符号表示。文成公主劝松赞干布设法造字，于是，他指令柔扎布去研究，后来造出了30个字母和拼音文字，松赞干布认真学习新文字，并把这些字母刻在宫殿的石崖上，从此，吐蕃有了自己的文字。他们用吐蕃文释译唐朝的儒经和佛经，促进了文化的发展。

文成公主入藏的时候，带去了许多历史、文学以及经书、佛经和有关医药、生产、工艺等方面的书籍，她还帮助吐蕃人推行历法。当时，松赞干布不断派遣贵族子弟到长安求学，唐朝许多有学问的人也被聘请到吐蕃掌管文书。唐朝还给吐蕃送去蚕种，派去养蚕、酿酒、制碾磨和造纸墨的工匠。先进的汉族文化传入吐蕃，对吐蕃生产和文化的发展起了很大的促进作用。

唐太宗去世以后，唐朝和吐蕃继续保持着频繁的来往和密切的关系。

文成公主是一位献身于汉藏两大民族友好团结伟大事业的优秀女性。公元680年，文成公主去世，她在吐蕃总共生活了40年。文成公主死后，吐蕃人到处为她立庙设祠，以表纪念。一些随她前来的工匠也一直受到丰厚的礼遇，他们死后，也纷纷陪葬在文成公主墓的两侧。至今，文成公主和这些友好使者仍被西藏人视为神明。

点评：

中国历史上，有不少以公主或宗室女子下嫁蕃邦国王和亲的事例，就其态势而言，不外乎两种情况：一种是国力衰弱，以和亲委曲求全，以结好蕃邦；另一种则是国力强盛，威震四海，以和亲安抚边远之邦，有赐婚的意味。前者是持卑微之姿，利用女性的美貌和柔媚，来缓和战场上的冲突；后者却是趾高气扬，宣展大国之姿，用亲戚关系来笼络感化疆外庶民。唐太宗时期，文成公主远嫁吐蕃，就是后一种和亲情况的典范。

文成公主入藏，在中国历史上是一件世人称颂的举动。她主动请求入藏的勇气也是值得人们钦佩的，她是中国历史上一个伟大的女性，也可以是说中国最早的女外交家，她对汉藏文化的交流发展作出了卓越的贡献。帮助藏族同胞发展经济、开垦土地、兴办教育、创立文字……她的功绩丝毫不亚于中国历史上一些成功的男性。

文成公主入藏，安定了边疆少数民族，使唐王朝在建立初期有了一个稳定的周边政治环境，对唐王朝日后的强盛和发达起到了不可忽视的重要作用。虽然在唐朝后期，吐蕃又连年对唐发动战争，但文成公主入藏对唐王朝的贡献没有受到丝毫的影响。

相关链接：

松赞干布小传

松赞干布（约617~650），西藏家喻户晓的民族英雄。他像佛祖和大德高僧一样为藏族人民所世代供奉。

松赞干布出生时，吐蕃王朝的都城还在雅鲁藏布江南岸泽当，正是雄才大略的松赞干布成长以后，南征北战，统一了高原上的各个部落，并建新都拉萨，带领雅隆部落走向更为辽阔的天地，开辟了藏族历史的新纪元。

由于他对藏族历史的巨大贡献，被后人尊称为松赞干布，意为深沉宽厚、杰出能干的男子。唐代的历史书，称他为“弃弄赞”。松赞干布3岁的时候，其父率兵灭掉了北方的苏毗部落，初步统一了西藏高原，由一个山南地方的小邦首领一跃成为吐蕃各部的君主。松赞干布从小受到了良好的家庭教育和严格的训练，精通骑射、角力、击剑，武艺出众，又爱好民歌、善于吟诗，成为文武全才的王子。

唐贞观三年（629），松赞干布13岁时，父亲被人毒死。诸族一起举兵叛变，西部的羊同部落乘势入侵，苏毗旧贵族也在积极地进行“复国”活动，纷纷向吐蕃进兵发难。松赞干布在这种内忧外患的严重局势下继承了王位，成为吐蕃第32代赞普。他沉稳果敢，以强硬手段应对叛乱，经过3年征战，终于稳定了局势，再次恢复了吐蕃的统一。贞观六年（632），松赞干布率部众渡过雅鲁藏布江，把都城迁到拉萨河畔的逻些，也就是今天的拉萨。

重新统一吐蕃王朝之后，松赞干布迎娶了尼泊尔国尺尊公主，又向当时统治中原的、同样雄才大略的唐朝皇帝李世民求亲。

贞观十五年（641），松赞干布25岁，唐朝派江夏王、礼部尚书李道宗护送16岁的文成公主入吐蕃。松赞干布在拉萨玛布日山（今布达拉山）专为文成公主修建了城池和宫室。松赞干布的两位妻子均来自佛法昌盛的尼泊尔和唐朝，两位公主都信仰佛教，她们先后带来了佛像、佛经、法物等到吐蕃。在公主们的影响下，松赞干布也接受了佛教。尺尊公主、文成公主分别在吐蕃建立了大昭、小昭二寺。

松赞干布除了武功以外，尚有文治，最为人称颂的是创制文字。公元7世纪初，松赞干布派出以吞弥桑布扎为首的16名贵族子弟到天竺（克什米尔）等地留学，创制了有30个字母的藏文拼音文字。

永徽元年（650），松赞干布在34岁的盛年时于拉萨去世。

每一个圣贤的君王身旁总是有一个得力的宰相在辅佐。

第七章 太平宰相房玄龄

贞观四年（630），即唐太宗李世民称帝第四年，房玄龄被提升为尚书左仆射，行使宰相职权，在其后的近20年中，他一直连任,直至70岁病逝。

任职期间，房玄龄至忠至勤，成绩卓著，堪称能相。史书上写道：“任总百司(总管政府中的各个衙门)，日日夜夜地、谨慎虔诚地处理各类问题，尽心竭力，不让一件事办得不合理。”

选拔人才，房玄龄十分谨慎。唐太宗曾经说过：“任免官吏是一件不可闪失的事，用对了一君子，就有许多君子慕名而来；若用一小人，许多小人也就会钻营附和而来。”在这一点上，房玄龄对唐太宗极其赞赏。

他知人善任，常向太宗推荐人才，委以重任。太宗的太子李治的府中有一位太子右卫率(主管太子的安全保卫)，名叫李大亮，房玄龄很器重他，说他为人耿直，有西汉忠臣王陵、周勃的气节，可以委以重任。不久，李大亮就被任命为房玄龄的副手。房玄龄在用人方面，既不拘一格，又不求全责备，做到扬长避短。但如果一时找不到合适的人选，他也宁缺毋滥，绝不做滥竽充数之事。如管理财政申报开支的部门，很长时间没有人选，但房玄龄认为这个部门关系到“天下利害”，是“民力所系”的地方，“宁虚其位，而不以与人”。他这样做，有时会招致别人说闲话，评论他在授权方面十分吝啬。但他为了国家的利益，对于个人的声誉，从不计较。

对于朝廷上的一些琐事，他事事一概过问，不仅定期审查吏治、司法的得失优劣，甚至连宫室的营造、武库里的存储数目，他都要一一过问。史书说他“事无巨细，咸当留意”，其认真负责的精神，着实古今罕见。

房玄龄像

在对李世民的进谏方面，他也做得很好，虽未能像魏徵那样屡屡犯颜直谏，但也能坦率地陈述自己的意思。其实，魏徵对他也是很佩服的，魏徵曾经说过，在事必躬亲、知无不言、言无不尽方面，自己比不上房玄龄。一次，唐太宗忽然问左右大臣说：“自古开国的皇帝，把皇位传给了子孙，为什么经常出现变乱呢?”房玄龄直率地说：“那都是因为皇上宠爱子孙，而子孙生长深宫，自幼过惯了富贵的生活，不知人间疾苦，不懂国家安危，不能磨炼意志、增长才干的缘故。”

房玄龄碑

唐太宗也有过不少失误，如对高丽的战争，不但给高丽人民带来了灾难，也给本国人民带来了沉重的负担，在多年的战争中，仅战马就损失了十之七八。贞观二十二年（648），唐太宗又要用兵高丽，当时房玄龄已重病卧床，闻知此事后，立即上书太宗，并对儿子们说：“当今天下安宁，各得其所，唯有东征高丽，必会成为国家的大患。我虽不久人世，但知而不言，也会死不瞑目。”太宗览表以后，十分感动地说：“此人危笃至此，尚能忧我国家，实在是难得啊!”

房玄龄心地赤诚，胸怀宽广，团结同僚，容易与人共事，并且注意发挥别人的长处。如经他推荐的杜如晦，就是一个很有才能的人，史书上称他“时军国多事，剖断如流，深为时辈所服”。房玄龄就注意发挥他善于决断的长处，每和太宗有所谋划，都要等杜如晦前来定断，用房玄龄的话来说，就是“非如晦莫能筹之”。而杜如晦的很多观点，往往与房玄龄不谋而合。“房谋杜断”，相互补充，他们两人的密切工作，与勾心斗角的官场习气形成了鲜明的对照，成为古今的佳话。

房玄龄从小就爱总结前朝灭亡的教训，因而在任职期间，他主持编纂了对各类图书的搜集整理工作，包括《晋书》以下至隋的六朝史的编写。一次，唐太宗问房玄龄道：“为什么历史上修的本朝国史，都不让皇帝本人看呢?我想看看你主持修的国史，不知是否可以?”房玄龄说：“国史应按事实而编修，这样就必定会写到皇帝不好的地方，有时还会加以抨击，当然不让皇帝亲眼看到。”唐太宗反复解释，说要看国史并无他意，只是为了鉴戒自己，房玄龄这才同意让他看。

贞观二十二年(648)，房玄龄病危，太宗不断派人探望，并亲去慰问，房玄龄临死前，与他握手叙别。房玄龄死时，“太宗对之流涕”，可见君臣感情之深。

点评：

在封建社会，人言官场险恶，官场如战场，其实并不都是如此，主要应看处于什么样的朝代，碰上什么样的君主，更主要的还是自己的态度。以曹操之“奸”，尚有许多人忠诚于他，尚有许多人在他手下得以善始善终，何况侍奉别的君主呢?由此看来，封建社会的官场奸诈，宦海“三忌”，都是存在的，但也不是绝对无法规避的，至于如何趋利避害，要看具体情况而定。

至于房玄龄，其善始善终的原因有三：一是早年投奔李世民，历史清楚，无查不清的问题；二是他至忠至勤，李世民确实需要他；三是他虽握大权，但绝对构不成对李世民的威胁，多是办理事务，为李世民提供咨询，并无谋逆私利之心。有这三条，只要不是生于桀、纣之世，就能保全职位、性命；生逢明君，则可成就一番事业。

宰相对于一朝一代的重要性不言而喻，纵观中国历史，哪一个圣贤的君王旁边没有一个得力的宰相在辅佐呢？早至周武王身边的姜子牙、秦始皇身边的李斯、近至三国时代刘备身边的诸葛亮、宋神宗身边的王安石……这样的例子不胜枚举。唐太宗在唐朝初年之所以取得“贞观之治”，和房玄龄的贡献也是分不开的。

相关链接：

房玄龄小传

房玄龄（579~648），唐代初年名相，名乔，字玄龄。齐州临淄（今山东淄博东北）人。他博览经史，能书善文，18岁时本州举进士，授羽骑尉。隋末大乱，李渊率兵入关，玄龄于渭北投李世民，屡从秦王出征，出谋划策，典管书记。每平定一地，别人争着求取珍玩，他却首先为秦王幕府收罗人才。他和杜如晦是秦王最得力的谋士。唐武德九年（626），他参与玄武门之变的策划，与杜如晦、长孙无忌、尉迟敬德、侯君集五人并功第一。唐太宗李世民即位，玄龄为中书令。贞观三年（629）二月为尚书左仆射，十一年封梁国公，至十六年七月进位司空，总理朝政，太宗征高丽时，他留守京师。二十二年病逝。

贞观前，他协助李世民经营四方，削平群雄，夺取皇位。李世民称赞他有“筹谋帷幄，定社稷之功”。贞观中，他辅佐太宗，总领百司，掌政务达20年。参与制定典章制度，主持律令、格敕的修订，又曾与魏徵同修唐礼，调整政府机构，省并中央官员，善于用人，不求备取人，也不问贵贱，随才授任，恪守职责，不自居功。后世以他和杜如晦为良相的典范，合称“房谋杜断”。

研究学问需要有玄奘一样追本求源的精神。玄奘不仅是一个高僧，更是一个学者。

第八章　玄奘取经，弘扬佛法

《西游记》问世以来，“西天取经”的故事几乎是家喻户晓。那些神奇的故事都是虚构的，只是唐僧确有其人，那就是玄奘。玄奘是唐代著名的翻译家、探险家和佛学大师。玄奘是他出家后的法号，因为他精通印度佛学中的《经藏》、《律藏》和《论藏》，所以也叫他唐三藏。他的父亲是一个虔诚的佛教徒。他的哥哥也在洛阳净土寺当和尚。玄奘时常到净土寺玩耍，13 岁那年，受剃度做了和尚。从此以后，他就和哥哥常在一起，诵读佛经。他很聪明，而且废寝忘食地研究经典，他 15 岁的时候，不但能背诵《涅槃经》，而且还能讲解。隋末唐初，他到四川研究佛经，那时候，许多精通佛典的高僧都集中在四川成都一带，玄奘和他的哥哥到了成都空慧寺，向大法师们请教，学问大有长进。

玄奘为了继续深造，毅然离开哥哥，只身一人沿长江东下，到达荆州，在天皇寺和僧众研究半年经典，然后又北上河南、河北、山东等地，访问各地著名的高僧，钻研各家的学说。玄奘仍不满足，他学得越深，疑问越多，他发现国内佛经不但译本缺乏，已有的译本译文也有很多差错。为了了解经典的真义，寻求佛教的究竟，他决心到佛教“圣地”求法。于是，玄奘又回到长安，向外国人学习天竺语，筹集旅费，作出国的准备。

当时中国的西部地区还在突厥的控制下，凡是出国的人，必须政府批准，发给过所(护照)才能起身。玄奘虽然提出申请，但尚未批准，可是，他没有被这些困难吓倒。贞观元年(627）八月，他跟随一些商人由长安出发，踏上了西行的道路。走到甘肃南部，快到玉门关(唐朝边境的最后一道关卡)的时候，玄奘骑的马死了，跟随他的两个小和尚也跑了，后来官府的差役又追了上来，玄奘躲在客店里，不知如何是好，瓜州的州官李昌拿着追捕文走了进来，问道：“师父

玄奘像

就是玄奘吧?”玄奘犹豫了一下，没有回答。李昌说：“师父如说实话，弟子可以给您想个办法。”玄奘见李昌态度诚恳，就说出了自己的名字。李昌赞叹道：“师父决心取经，研究佛法，真了不起，我一定尽力帮助。”说完便撕碎了追捕文书说：“师父赶快走吧，天黑就出不了关了。”玄奘又惊又喜，赶紧离开客店，奔向玉门关。

玄奘在瓜州，结识了西域的石槃陀，并请他当向导，又得到瓜州老人送给他的一匹瘦马。这匹马虽然瘦，但是它曾经往返伊吾10余次，认识道路。

他从瓜州出发，走了50多里，绕过玉门关，一天中午，来到第一座烽火台。他正在马旁喝水，突然飞来一箭，过了一会儿，又是一箭。玄奘急忙朝着烽火台大喊：“我是长安来的和尚，要到西天取经，请你们不要射箭。”守卫烽火台的官兵弄清了玄奘的来历，都很敬佩，送他过了烽火台。到了第四座烽火台，烽官还留他住了一夜，给他准备了干粮和清水，并且嘱咐说：“第五烽烽官很坏，万一被他发现，性命难保，请师父绕道走吧!”

过了烽火台以后，他又奔向野马泉，开始进入莫贺延碛。这时向导已经跑掉，在这800里的沙漠里，上无飞鸟，下无走兽，玄奘只有伴着自己的影子前进。走了两天，他在一片茫茫的沙漠中迷了路，找不着野马泉，心里十分焦急，身体也很疲倦。他拿起皮囊准备饮水，一时心慌失手，把一皮囊水倾倒在了沙漠里。他懊悔极了，于是调转马头往回走，走了一段路他忽然想：“我自己发誓，若不到达印度，决不往东走一步，现在我宁可西行而死，决不东归而生。”于是又继续向西前进。他在沙漠中走了5天4夜，一滴水未曾入口，头两天只觉得口干舌燥，后来全身焦躁，嘴唇出血，呼吸困难，头晕目眩。同时，马也不能走了，最后人和马倒在沙漠里，昏了过去，这一天的半夜，他被一阵凉风吹醒，渐渐有了精神，马也站了起来了。玄奘勉强走了几里路，发现前面绿油油一片草地。到了那里，还发现有清澈的泉水。玄奘非常高兴，休息一天，把皮囊装满了水，又继续走了两天路，才离开沙漠，到达伊吾国境。

玄奘在伊吾国住了十余天，后来又到高昌。高昌王本是汉人，也是一个佛教徒，王妃大臣也前来礼拜，并请玄奘讲经。高昌王很尊敬玄奘，苦苦请求他留下来说法，答应给优厚的酬劳。玄奘说："我远游是为求佛，现在被大王阻留，大王只留住我的身体，却留不住我的精神。"高昌王还是不让他走，他一连三天不吃不喝，到了第四天，高昌王深受感动，答应送他西行，并且送给他衣物、干粮、挑夫和 30 匹马，还给沿途各国写信，请他们保护这位远行的高僧。

此后，玄奘又翻山越岭，整整走了一年，贞观三年（628）夏天才到天竺。在这里，他看到许多高大的鸵鸟，看到 150 尺高的石像和 1000 多尺长的石刻卧佛像，还看到成群的巨象往来运输。他几次横渡恒河，遍访佛教史上的古迹。他访问了伽耶城，那里有一棵 5 丈多高的菩提树，佛教创始人释迦牟尼曾经在这棵树下苦修，他到了佛经中所说的西天灵山，参访了释迦牟尼说法的地址。这些实地的考察，使玄奘对佛经的理解更深入了。

后来，他到了摩揭陀国的那烂陀寺。那烂陀寺是印度全国最大的寺院，也是天竺佛教的最高学府，已经有 700 多年的历史，常年有僧徒数万人。主持这个寺院的，是戒贤法师，已经 100 多岁了，是当时印度首屈一指的大学者。玄奘到寺院的那天，1000 多和尚捧着香、鲜花迎接来自大唐的客人。年过百岁的戒贤法师早已不讲学了，但为了表示对大唐的友好，特地收玄奘为弟子，重开讲坛，用 15 个月的时间，给玄奘讲了最难懂的《瑜珈经》。玄奘在寺里待了 5 年，把寺内所藏各类经典都读了一遍，并随时向戒贤法师及寺内高僧质疑问难，通晓了经典真义，但他仍不满足，辞别了戒贤法师又到南印度去游学。

在以后的 6 年里，玄奘走遍了全印度大小 100 余寺庙，后来又回到那烂陀寺。戒贤法师令玄奘担任讲座，为全寺僧众宣讲《大乘经》。当时有一个婆罗门，写了十余条理论，挂在那烂陀寺门口，并且狂妄地宣称："如果有人驳倒我一条，我甘愿把头割下来认错。"很长时间没有人敢出来驳斥他。玄奘请戒贤法师等作证人，和那个婆罗门辩论。辩论到最后，那个婆罗门不得不低头认输，请求照约办理。玄奘说："和尚不杀人，你跟着我当个佣人吧。"

玄奘在印度宣讲《大乘经》对印度各地影响巨大。戒日王

玄奘取经图

和国王鸠摩罗，都很仰慕玄奘。他们特派使者聘请玄奘，并以两国国王的名义通知全国，在曲女城召开全印佛教大会，聆听唐僧玄奘讲经。公元642年，大会正式开始，参加大会的有当时印度的18个国家的国王，精通大、小乘经的高僧3000余人，那烂陀寺的僧众2000余人以及婆罗门等2000余人。这是全印度文化名人的大聚会，是印度历史上第一次盛会。

玄奘任大会主讲，宣讲的主要内容是《大乘经》，同时他又写了一本《破恶见论》，悬挂在会场内外，向与会者公布自己的观点。但是，公布以后，从早到晚，没有人敢站出来辩论。这次大会开了18天，大家恭听玄奘的议论，始终没有一个人提出不同意见。散会那天，各国国王拿出许多金钱送给玄奘，玄奘分文不要，全送给贫苦百姓。从此以后，印度佛教界公认玄奘是佛学的最高权威，名扬印度全境。

戒日王一再诚恳地挽留玄奘留在印度。还有一个国王表示，只要玄奘肯留下来，愿意为他建100所寺院。但是，玄奘在印度留学15年中，无时无刻不在想念祖国，他决心回国。临走的那

玄奘取经回长安图

天，戒日王以及当地的印度朋友，挥泪送了他几十里路。

公元 645 年初，玄奘带着 650 多部佛教书籍，经由西域，回到大唐的都城长安。玄奘当年出国是违犯禁令偷偷出去的，现在，唐太宗知道了他的全部情况，很佩服玄奘的顽强精神，特地派宰相房玄龄等去迎接他。长安市民在朱雀大街开了欢迎大会，长安城里人山人海，路两旁摆着香案和鲜花，锣鼓音乐，此起彼伏，长安的僧尼数万人，排着队，把玄奘带来的经卷佛典安置到弘福寺。

玄奘到长安阳朝见唐太宗，介绍了他旅途的所见所闻和西域、天竺各国的风土人情。唐太宗听得津津有味，他劝玄奘还俗，帮助他治理国政，玄奘婉言谢绝了。

不久，玄奘开始了翻译佛经的工作。他每天五更起床，三更才睡，19 年间，共译出 74 部佛经，1335 卷，1300 多万字。他的译文流畅优美，忠于原意。有些专用名词，例如“印度”，就是他翻译的时候确定下来的。

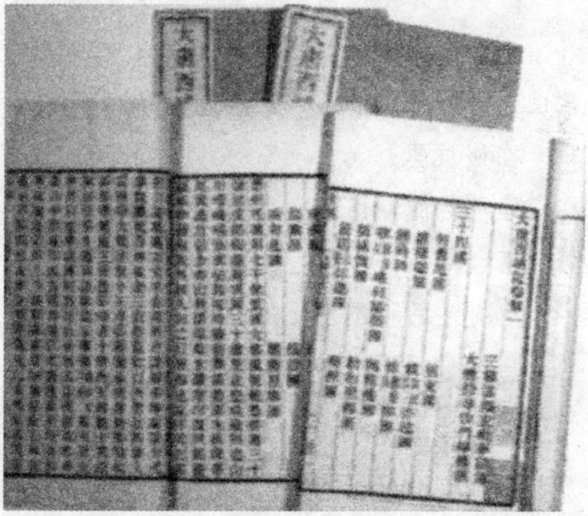

玄奘口述的《大唐西域记》

长期艰苦的翻译工作耗尽了玄奘的精力，唐麟德元年（664）二月，这位伟大的佛学家和杰出的翻译家在长安郊外的玉华寺圆寂了。

玄奘生前还

和辩机和尚共同编写了《大唐西域记》。这部书记载了包括今天我国新疆以及阿富汗、巴基斯坦、印度等100多个国家和地区的地理情况、名胜古迹和城市风光等，是研究这些国家和地区历史、地理的重要材料。现在《大唐西域记》已经被译成许多种文字，成为一部世界名著。

玄奘还把中国的古代文化传到西域各国，他曾把道教经典著作《老子》译成梵文传入印度。玄奘是中国和印度人民友谊的传播者，他为中印两国的文化交流做出了巨大的贡献。

点评：

在我们中华民族悠久的历史上，出现过许多杰出的人物。在他们身上，体现着崇高和伟大的精神，他们树立的风范，永远值得我们怀念和钦佩。他们的品格，始终值得我们学习。

玄奘作为一位佛教高僧，一位大翻译家，中国人民的友好使者，他为中国文化的发展，尤其是中印之间文化的交流作出了非常巨大的贡献。今天，玄奘取经的故事，不仅为中国老百姓所熟知，在印度也广为传诵。玄奘的名字，被写进了印度的教科书。在印度那烂陀寺旧址，建有玄奘纪念堂。玄奘的名字将永远被人们所纪念。

他对学问追本求源的精神充分体现了唐王朝对文化发展的重视和当时学术研究的良好风气，他的这种精神，至今仍是我们学习的榜样。唐王朝佛教文化的大发展，也促进了佛教艺术的大发展，灿烂悠久的敦煌莫高窟、四川的乐山大佛等许多优秀的佛教艺术品都兴建于唐朝。

相关链接：

玄奘小传

玄奘 (602~664)，原姓陈，名祎 (hui)，玄奘是他出家后的法号，洛州缑氏 (今河南省偃师市缑氏) 人。唐朝著名的三藏法师，汉传佛教历史上最伟大的译师。他是佛教法相宗创始人。

玄奘法师是中国历史上最伟大的人物之一。他不仅是我国佛教界负有崇高声望的大师，而且是中国古代最优秀的翻译家。四大名著中《西游记》所写的“唐僧取经”的“唐僧”，指的就是他。虽然《西游记》只是以玄奘法师西游行程为背景的幻想的神话，但是事实上，他是中国历史上最富于冒险的、勇于克服困难的、在沟通中印文化上最有贡献的一个人。

他的祖父陈康，在齐朝是国子监博士。父亲陈惠，身高体壮、美眉朗目，平时潜心学问，一生不做官，很为当时人所景仰。玄奘法师是他的第四个儿子。玄奘法师的体格和性格，都很像他的父亲，而眉目疏朗、相貌端严。他自幼聪明绝顶，悟性特高，深得父亲的钟爱。在八九岁时，就开始攻读古代的经典。平时在家里埋头用功，不大出来与其他儿童玩耍，就是外边鼓乐喧天、歌舞动地，他也难得出来一次看热闹。

中国在南北朝时期，佛教大为流行，玄奘法师生在结束了南北朝统治的隋代。出家为和尚的人很多，他的二哥陈素，法名长捷，就是在东都洛阳净土寺出家。当时洛阳有四个道场，其中有不少佛学名家。他这位哥哥对弟弟的学业极为关切，常约他到道场学习佛经，因此就引起玄奘法师出家的念头。

随着对佛法不断的钻研学习，激起了他更加浓厚的兴趣和更加远大的志向，最后成就了他去天竺国学习佛法经典的壮举，成为一代圣僧。

武则天是中国历史上最为成功的女性之一，她不但驾驭了一个朝代，更为一个朝代的兴旺作出了贡献。

第九章　女皇帝武则天

武则天是中国历史上唯一的女皇帝，历史上对她的评说也各不相同，但无论如何，她对唐朝兴旺发展的贡献是不可磨灭的。

一、武则天入宫

武则天父亲武士彟，原来是个木材商人，后来跟随李渊起兵反隋，被任命为工部尚书。武则天 14 岁时，长孙皇后去世，唐太宗十分伤感。一位姓杨的妃子劝他从民间选几个美女来，充实后宫，唐太宗就让杨妃操办这件事。杨妃乘机把她的外甥女——14 岁的武则天选入宫中，被唐太宗封为才人(一种嫔妃的称号)，并赐名“媚娘”。

有一次，唐太宗得了一匹爱马，叫狮子骢。这是一匹西域番国所赠的威武雄健、性情暴躁的名马。太宗喜欢它的剽悍，也苦于它桀骜不驯。一日，唐太宗召了几位文武大臣去御马厩，一边称赞狮子骢，一边问大家：“如此良骏，只能闲放在马厩中，诸位爱卿谁能驾驭?”众臣面面相觑，无人敢应。这时，跟在唐太宗身后的武媚娘来到唐太宗面前，躬身道：“臣妾可以驾驭。”唐太宗看了看她，笑道：“你？就凭你这个柔弱的身子?”媚娘却一本正经地说：“只要陛下给臣妾三样东西，管保叫它服服帖帖。”唐太宗问：“哪三样东西?”媚娘说：“一条铁鞭，一个铁锤，一把匕首。先以鞭笞，再不驯就用铁锤，如果再乱踢乱蹶，就用匕首切断它的咽喉!”媚娘话音刚落，唐太宗便击掌而赞：“好一个媚娘，有胆略，有气魄!朕原以为你是一个弱女子，听你这番话，真是巾帼不让须眉啊!”自此，唐太宗对媚娘又多了几分敬重和疑忌。但是不久，武则天就被卷进了

武则天像

谶语事件中。

贞观二十二年(648)三月，太白星多次在白天出现，太宗令占卜问卦，说是“女主当昌之意”。民间又传《秘记》，说“唐朝三世之后，女主武王当有天下。”唐太宗听说，十分疑惑，经常猜测和捉摸这是个什么人。有一次，唐太宗宴请众武将，李君羡也参加了。席间行酒令时，约定谁输了得说出自已的小名。李君羡输了，说：“小名五娘”。

唐太宗顿起疑心，他想，李君羡是武安人，被封为武安县公，任左武卫将军，又在玄武门值班，“五娘”的“五”又同“武”谐音，他又偏偏叫个女人的名字，这不是正是那个谶语吗?这个李君羡一定是卦中之人，三代以后将夺我大唐的那个“女主”啊！于是，唐太宗先以借口将他派往华州任刺史，继而又以莫须有的罪名将他处死。唐太宗还不放心，又秘密问太史令李淳风：“《秘记》所说可信吗?”李淳风回答：“臣看天象，这个人已在宫中，是陛下眷属，自今以后不过30年，当称王天下，将大唐子孙斩杀殆尽，征兆已十分明显。”李淳风这番话，使唐太宗猛然想到他所宠幸过的那个武媚娘。此人姓武，又是女子，30年后说不定真的会做上唐主！他对李淳风说：“既然已在宫中，我就把她除掉，如何?”李淳风道：“天命不可违背，况且，自今以后30年，此人已老，人老多慈心，可能祸害不大。如果杀了她，上天还会生出个年轻的来代替她。那样，会比她更恶毒，陛下子孙，恐怕一个都剩不下了。”太宗听了李淳风的这番话，又不好下手了，武则天也因此避免了杀身之祸。

但是，唐太宗既然已经不喜欢她了，她的命运就不可避免地走向暗淡。贞观二十三年（649）唐太宗去世，临死前下令：后宫嫔妃，一律出宫为尼。武则天被迫削发为尼，到感业寺修行，与清灯黄卷相伴。

二、勾心斗角，夺取皇后宝座

唐太宗死后，李治继位，也就是唐高宗，唐太宗是个精明能干的皇帝，但是他的儿子高宗却是个庸碌无能的人，他在当太子的时候，就看中了武则天。如今自己掌管大权，就想把武则天从感业寺接出来，但一时又找不到合适的理由。正好这时王皇后正与萧淑妃争宠，王皇后决定利用武则天的美貌，转移高宗对萧淑妃的宠爱，遂令武则天暗中蓄发，待到时机成熟就把她献给高宗。聪明过人的武则天早已看出了这其中的玄机，她毫不犹豫地和王皇后结成同盟，用王皇后这块招牌作为向萧淑妃进攻的武器。在她们两个的"进攻"下，宠极一时的萧淑妃尝到了失意的苦头。武则天在这个时候千方百计取得了王皇后的欢心，王皇后多次在高宗面前称赞她，因而进宫不久便由才人晋升为昭仪。至此，唐太宗临死前的特意安排也成了泡影。

但是，武则天的性格决定了她并不甘于做别人的棋子，她还有更大的目标。王皇后自然成了她前进路上的一个障碍。

武则天天生伶俐，又会要手腕，没过多久，唐高宗就和武则天好得如胶似漆，形影不离，渐渐地把王皇后疏远了。王皇后见势不妙，又转过来说武则天的坏话。可是，这时候唐高宗哪里还听得进去?武则天十分得意，为了夺取皇后的位置，她绞尽脑汁，千方百计陷害王皇后。

永徽四年，武则天为高宗生了一个白白胖胖的男孩，起名李弘。这无疑是对她的前程增添了一份保证。又过了一年，她又为高宗生了一个小女孩。王皇后因为自己没有孩子，常常逗这个女孩玩，一天，王皇后刚刚离开，武则天就偷偷地把这女孩掐死，然后又照样盖好被子，唐高宗进来，掀开被子一看，发现女孩已经死了。便大叫起来：“谁杀了我的女儿?谁杀了我的女儿?”他问乳母：“方才谁来过了?”乳母战战兢兢地回：“只有皇后来过。”高宗当然不会怀疑武则天，俗话说：“虎毒不食子”嘛!武则天也正是利用大众这样一种心理，取得了高宗的信任。武则天抱着小女婴的尸体，号啕大哭，唐高宗又伤心又气愤。从这以后，唐高宗就起了废王皇后，立武则天为后的念头。但是在王皇后的背后，还有强大的势力集团在支持，公然废后也说不过去，这就注定了要展开一场宫廷

唐·贵妇像

斗争。

围绕着要不要立武则天为皇后的问题，朝廷中两派展开了激烈的斗争。一派是以长孙无忌、褚遂良为首的元老重臣，这些人在唐朝的建立过程中立下了汗马功劳，而且在高宗登基的事件中起到了决定性的作用，所以在朝廷上拥有极大的威信和权力，他们为了维护名门贵族的利益，坚决反对。一派是以许敬宗、李义府、李勣为首的新贵族，他们为了扩大自己的权力，表示支持。

武则天想争取长孙无忌，她和唐高宗亲自登门求情，封长孙无忌的儿子做大夫，还送去十车金银珠宝。但是长孙无忌故意装痴作呆，答非所问，始终不表态。

武则天见此计不成，便又生一计。有一天，皇后宫中一个宫女到皇上那儿密报，说皇后怨恨皇上，跟她的母亲魏国夫人正在使“厌胜”之术，诅咒皇上早死。高宗见这宫女是皇后的近侍，不由不信。便带了内侍监的宦官，去到皇后宫中，由那告密人指点，从皇后床下面挖出一个小木偶，上面写着皇上的名字和生辰八字，而木偶的七窍和心口，全都插着钢针。皇帝见状极其生气，皇后也吓得魂飞魄散，不知所措，只是一味跪地求饶，慌乱地解释。

经过此事，唐高宗终于下决心要废王皇后，改立武则天为后。大臣褚遂良说：“王皇后出身名门，是先帝给陛下娶的妻室，再说皇后又没有过错，怎么能说废就废呢?”唐高宗气愤地说：“王氏诅咒寡人，这还不是大罪吗?”褚遂良又说：“陛下就是要换皇后，也要选一个名门闺秀，武氏出身寒微，怎么配呢?再说，武氏曾经是先帝的妃子，陛下立她为皇后，今后人们会怎么议论陛下呢?”听到这儿，唐高宗气呼呼地一挥手，让褚遂良退下去。武则天在帘子后面听见了，更是怒不可遏。她最怕人家说她做唐太宗妃子这段历史，所以恨透了褚遂良。她在帘子后面大声喊道：“还不赶快把这狗东西打死!”长孙无忌阻止说：“褚遂良是先帝老臣，有罪也不能加刑!”

过了几天，唐高宗问李勣：“我打算立武昭仪做皇后，褚遂良他们坚持反对，这事怎么办好呢?”李 说：“废立皇后，这是陛下的家事，何必一定要外人同意呢?”李 也是开国元勋，担任司空，尽管不掌握实权，但地位很高，他的话具有很大的权威性，可以说是废王立武的关键一票，这一票使迟疑不决的高宗打定了主意。为了彻底压倒长孙派，武昭仪的心腹许敬宗在朝中制造舆论，说：“田野民夫多收了十斛麦子，还想换个妇人，何况天子要换皇后呢?这完全正当，不能容许他人异议。”武则天令左右的人将这些话委婉地传给高宗，高宗的决心更坚定了。他将褚遂良贬到距京师2000多里外的潭州去任都督。永徽六年(655)十月，高宗下诏，称：“王皇后、萧淑妃谋行鸩毒，废为庶人，其母及兄弟一并除名，流徙岭南。”至此，王皇后大势已去，如残烛之将尽。十一月，唐高宗举行了隆重的册立仪式，武则天经过激烈较量，终于登上了皇后的宝座。这一年，她31岁。

武则天封后，与许敬宗、李义府等人有直接的关系。这后面有着更深层的社会背景。魏晋以来形成的士族阶级把持朝政的风气，在唐代还有很大的影响。唐太宗时修《士族志》，高士廉等人还把出身士族的崔姓列为第一等，结果引起唐太宗的强烈不满。他下令以朝廷官位高下作为评判标准，借此达到了在一定程度内扶植庶族地主、压制门阀士族、巩固统治的目的。这一政策在高宗那里得到延续。正是由于统治者压制士族，出身寒微之士才有可能得以位至显贵。而许敬宗等人能当官为宦，正是唐代统治者实施这一政策的结果。这些人对于武则天的前途起到了关键而微妙的作用。

三、斗智斗勇，登上皇位

武则天“素多智计，兼涉文史”，对政事很感兴趣，而且权力欲很强。显庆五年(660)以后，高宗患风疾，目不能视，朝中大事多由武则天处理。再加上高宗懦弱，遇事无主见，上朝理事，往往根据宰相的意见做出决定。于是，武则天索性直接上朝参政，当时人们把高宗和武后并称为“二圣”。

武则天当了皇后以后，就使出果敢泼辣的手段，贬褚遂良出京、逼长孙无忌自杀，同时罢免了 20 多位反对他的大臣。把那些反对她的老臣一个个降职、流放或者杀掉。唐高宗体弱多病，他看武则天能干，又懂得文墨，索性把朝政大事全交给她管了。武则天掌了权，渐渐不把高宗放在眼里，唐高宗心里气恼，但武则天权势越来越大，高宗想废掉她，也没有机会了。

武则天临朝听政后，正式提出了著名的建言十二事，主要内容是：劝农桑，轻赋敛，息兵戈而以德化天下，增加官俸，量才擢升官吏，广开言路，杜绝谗言，禁免大兴土木等。这些措施有力地保证了大唐自“贞观之治”以来的既定国策得以继续，使唐王朝仍然保持着繁荣发展的局面。接着，武则天又着手调整宰相人选，罢免了若干资望高深的宰相，另提拔一些资历较低的下层官僚委以相职。就这样经过一番努力，武则天基本上控制了政权。

弘道元年(683)，高宗病死，太子李显继位，即唐中宗。武则天以皇太后身份临朝称制。翌年，废李显为庐陵王，改立第四子李旦为帝，即唐睿宗，朝政仍由她把持。

武则天巩固了她的统治，就不满足太后执政的地位了。有个和尚猜到了太后的心思，伪造了一部佛经，献给武则天。那部佛经里说，武则天本来是弥勒佛投胎到人世来的，佛祖派她下凡，就是要让她代替唐朝皇帝统治天下。

又过了几月，有个官员名叫傅游艺，联络了关中地区九百多人联名上书，请求太后即位称帝。武则大一面推辞，一面提升了傅游艺的官职，结果，劝她做皇帝的人越来越多。据说当时文武官员、王公贵族、远近百姓、各族首领，上劝进表的有六万多人。

唐载初元年（690），武则天接受了大家的请求，自称“圣神皇帝”，改国号为周，史称南周，她就成了中国历史上唯一的女皇帝。武则天这些排斥异己的做法，引起了唐宗室和旧臣官僚的强烈不满，他们暗中策划用武力反抗武则天的统治。

光宅元年(684)，眉州刺史徐敬业因被贬为柳州司马而心怀怨恨，途经扬州与其弟徐枷猷及被贬官的唐之奇、骆宾王、杜求仁等策划起事，发布了由骆宾王起草的讨武檄文，并以匡复庐陵王(即中宗李显)为旗号，号召各地起来响应，十多天内，兵力扩充到10多万人。武则天采取铁血手腕镇压叛乱，首先除掉了和徐敬业有联系的宰相裴炎和大将程务挺，接着派兵南下扬州镇压，仅用50多天就彻底剿灭了叛军。她对大臣们说：“你们中间有的是先朝老臣，可是倔强难治有超过裴炎的吗?你们中间有不少将门之后，可是纠集亡命之徒有超过徐敬业的吗?你们中间也有不少握有兵权的宿将，可是领兵打仗有超过程务挺的吗?这三人都是颇有声望的，但他们不利于我，我都能杀死他们。你们有比他们更厉害的吗?要有异图，请早点动手，不然的话，就该洗心革面，老老实实，免得身败名裂，贻笑天下!”大臣们谁都不敢言语。武则天对于反对她掌权的人，进行无情镇压，这表现出她极其强硬的一面。但她又十分重视任用贤才，在她的手下，涌现出一批有才能的大臣，其中最著名的是宰相狄仁杰。

狄仁杰当豫州刺史的时候，办事公平，执法严明，受到当地百姓的称赞。武则天听说他有才能，就把他调到京城当宰相。狄仁杰还向朝廷推荐了几十个有才能的人，后来他们都成为当时有名的大臣。张柬之就是狄仁杰推荐的，有一次武则天要狄仁杰推荐一个贤能的人，于是，狄仁杰推荐了张柬之，说此人虽然年纪大了一些，但确有宰相之才。武则天很快将他提拔为洛州司马。过了一些日子，武则天又向狄仁杰求贤。狄仁杰说："臣上次举荐的张柬之，陛下还没有重用呢!"武则天说："不是已经升迁了吗?"狄仁杰说："臣举荐他是当宰相，现在不过是一个洛州司马，还没有真正派上用场。"过了不久，武则天就提拔张柬之做了宰相。武则天很敬重狄仁杰，把他称作"国老"。他死去后，武则天常常叹息说："老天为什么这样早夺走我的国老啊!"

武则天对有才能的人也不存偏见。徐敬业在扬州起兵的时候，请当时著名的文学家骆宾王替他写了一篇讨伐武则天的檄文《讨武曌檄》。武则天叫人把这篇文章拿来念给她听，当她听到"一抔之土未干，六尺之孤何托"两句的时候，反而连连称赞写得好。后来听到"试观今日之域中，竟是谁家之天下"两句，更加赞不绝口，问道："这篇檄文，不知出自何人之手?"有人回答说是骆宾王写的。武则天十分惋惜地说："有这样的人才，让他流落民间，得不到重用，这是宰相的过错呀!"由此可见，武则天是非常重视人才的。

武则天称帝后，为了防止旧臣反抗，任用索元礼、周兴、来俊臣等实行酷吏统治。同时为了培植、扩大自己的势力，她又大批录用人才，并把此项政策看成治国之本，天子之责。为招揽人才，武则天一方面在洛成殿亲自考试贡士，以示重视，从此开创了殿试制度；又专门设置武举，选拔有武艺的人做官；还允许各级官吏和百姓自行荐举。另一方面，她以修书为名，广泛召集有才学的文人进宫，称“北门学士”。这些人除修书外，还为朝廷出谋划策，参议国事，以便集思广益，治理好国家。武则天任用人才不拘一格，又知人善任，所以她当政期间，人才济济，不比贞观时期逊色。从唐高宗驾崩到武则天让位的21年间，她曾任用宰相70多人，大多为一代名臣良相，其中著名的有李昭德、魏元忠、苏良嗣、狄仁杰、张柬之等等。其中一些人，如姚崇、宋璟等直到开元年间仍发挥着重大作用。

在抗击外来入侵、保护边境安宁、改善与相邻各国的关系方面，武则天施政时期也颇有政绩。对吐蕃贵族的入侵和骚扰，她坚决抵御，给予反击。天授三年(692)，她派大将王孝杰击败吐蕃，收复安西四镇，重新在龟兹设置安西都护府。之后，朝廷又在庭州设置北庭都护府，巩固西北边防，打通了一度中断的通向中亚地区的“丝绸之路”。武则天统治时期还坚持边军屯田的政策。天授年间，娄师德检校丰州都督，“屯田积谷数百万”。大足元年(701)，郭元振任凉州都督，坚持屯田5年，“军粮可支数十年”。屯田对边疆地区开发、减轻人民运粮之劳，以及巩固边防都起到了积极的作用。

武则天还重视农业，奖励农耕，兴修水利，使社会经济得到了长足发展。到了武则天结束执政的神龙元年(705)，户口总数从永徽初年(650)的380万增加到615万。武则天的统治有效地维护了社会的安定，巩固了贞观之治的成果，为后来的“开元盛世”奠定了坚实的基础。

四、传位太子，恢复大唐江山

除了治理天下，继承人问题也使武则天绞尽脑汁。开始，武则天打算将皇位传给侄子武承嗣。凤阁侍郎李昭德进言："天皇大帝是陛下的丈夫，皇子是陛下的儿子。陛下的天下应该传给子孙，怎么能传给侄子呢?陛下若立儿子，千秋万代后可以永享儿孙的祭祀；若立侄子，谁听说过侄子给姑母立庙奉祀的呢?"

武则天乾陵前的无字碑

一次，武则天做了一个奇怪的梦，梦见一只大鹦鹉，两个翅膀折断了。她要大臣们解梦，宰相狄仁杰回答说：“鹦鹉是指陛下，两翼是指陛下的两个儿子(暗指李显、李旦)，他们都被囚禁，就是两翼折断的意思。没有翅膀的鹦鹉不能飞翔，陛下起用二子，鹦鹉就能飞翔了。”经过再三考虑，武则天于圣历元年(698)立李显为皇太子。

武则天有许多男宠。著名的如薛怀义以及张易之、张宗昌兄弟。他们在武则天的纵容下窃权祸国、胡作非为，武则天对这些都置若罔闻。长安四年(704)冬，武则天在洛阳长生殿养病，身边只有张氏兄弟和几个宫娥、内侍，政事全由张氏兄弟处理，形势非常危急。

南周神龙元年（705）正月，武则天病情加重，宰相张柬之等经过周密的部署，率领文武群臣入内宫杀死张易之张昌宗兄弟，逼迫武则天退位，拥立中宗李显复位。唐中宗将这一年改为神龙元年，恢复李唐国号和唐朝制度，武则天迁居上阳宫。唐中宗尊称武则天为则天大圣皇帝。同年十一月，武则天病逝，与高宗合葬于乾陵。遵照她生前叮嘱，死后在她的墓碑上不写一字，所以乾陵有一块“无字碑”。碑身用一块完整的巨石雕成，高7.35米，宽2.1米，厚1.49米，重9.8吨。碑头刻着八条彼此缠绕、生动有力的螭首，碑身两侧各刻有升龙一条。武则天死后，人们对她有各种各样的评论，久而久之，无字碑也变成了有字碑。

点评：

武则天(624—705)，并州文水(今山西文水)人，是中国历史上唯一的女皇帝。她14岁入宫，为才人，唐太宗死后入感业寺为尼。到唐高宗再度入宫，并于永徽六年(655)被册立为皇后。唐高宗死后，从武则天登基称帝，至神龙元年(705)病死，在位16年，终年82岁，死后和高宗合葬于乾陵。武则天为皇后时就辅助高宗治理朝政。当时并称“二圣”，所以她实际执掌政权近半个世纪。武则天为人果敢决断，任人唯才是用，能纳谏，有政治才能，对于反对她的人采用铁血政策坚决镇压。她执政的50年是中国历史上一个较为兴旺发达的时期，社会安定，人口显著增长，经济稳步发展，文化艺术繁荣昌盛。同时这个时期国家统一，边疆形势基本稳定。可以说武则天的统治是上承“贞观之治”，下启“开元盛世”。

当然，武则天一生也存在着不少过失和错误。晚年时，她逐渐走向奢侈腐化，大修官殿、佛寺，“数年之间所费以亿万计，府藏为之耗竭”。同时，武则天宠信张易之、张宗昌、武三思等小人，致使她统治后期朝政趋于腐败。此外，在镇压反对势力的过程中，她使用酷吏，大肆罗织株连，滥杀许多无辜臣民。

相关链接：

狄仁杰小传

狄仁杰，生于唐贞观四年（630），卒于武则天久视元年(700)，字怀英，唐代并州太原（今山西太原）人。武则天时期宰相，杰出的封建时期政治家。

狄仁杰出生于一个官宦之家。祖父狄孝绪，任贞观朝尚书左丞，父亲狄知逊，任夔州长史。狄仁杰小时候就有大志，勤奋读书，终于考取功名。他做过县令、刺史等地方官。他不像有些官员那样，大把大把地搜刮钱财，而是为当地百姓干了一些好事，特别是善于断案，使他的名声渐渐传扬开来。

武则天对他很敬重，称他为“国老”。作为一名精忠谋国的宰相，狄仁杰很有知人之明，也常以举贤为意。狄仁杰前前后后一共推荐了几十个人，这些人都成为当时有名的大臣。有人这样称赞狄仁杰：“天下桃李，都出在狄公的门下。”狄仁杰回答：“举贤为国，非为私也”。

在狄仁杰为相的几十年中，武则天对他的信任是群臣莫及的，她常称狄仁杰为“国老”而不称名。狄仁杰喜欢面引廷争，武则天“每屈意从之”。狄仁杰曾多次以年老告退，武则天不许，进宫入见，常阻止其跪拜。武则天曾告诫朝中官吏：“自非军国大事，勿以烦公。”

久视元年（700），狄仁杰病故，朝野凄恸，武则天哭泣着说“朝堂空也”。赠文昌右丞，谥曰文惠。唐中宗继位，追赠司空。唐睿宗又封之为梁国公。

纵观狄仁杰的一生，可以说是宦海浮沉。作为一个封建统治阶级中杰出的政治家，狄仁杰每任一职，都心系民生，政绩卓著。在他身居宰相之位后，辅国安邦，对武则天的弊政多有匡正。狄仁杰在上承“贞观之治”，下启“开元盛世”的武则天时代，作出了卓越的贡献。

同样的历史只能在一个朝代发生一次，不管是韦后还是安乐公主，都不可能成为第二个武则天。

第十章　韦后篡权乱政

唐中宗恢复帝位之后，并没有加紧对武氏集团的其他成员进行治理，其中最为嚣张的莫过于武三思，他祖籍并州文水(今山西文水县)人。父亲武元庆，为武则天同父异母哥哥。武则天被高宗册封为皇后，武三思靠着裙带关系，年纪轻轻就被提拔做了右卫将军。唐中宗恢复帝位之初，洛州长史薛季昶就提醒张柬之：“二张虽然已除，武三思一伙尚在，斩草要除根，否则留下祸害，后悔莫及。”但张柬之认为大局已定，这几个人成不了什么大事，没把薛季昶的话放在心上，薛季昶叹了口气，说：“这样下去，真不知道我们会死在什么地方啊!”

唐朝是李家的天下，按照封建社会的规矩，只有和皇帝同姓的人才能封王。可是，唐中宗复位以后，便立妃子韦氏为皇后，追封皇后的父亲韦玄为贞王。大臣们反对说：“异姓不王古来如此，陛下刚刚复位，就大封后族(皇后的家族)，天下会失望的。”唐中宗置若罔闻，不予理睬。原来，在武则天的4个儿子中，除了李弘聪明练达、通晓事理以外，其余三个都不像母亲，而像他们的父亲高宗。尤其这位唐中宗李显，那个庸懦的劲头儿，似乎比高宗还要多些。在他被武则天放逐到房州的时候，只有韦氏陪着他，尝尽了人间的苦难。每当听说武则天派来使臣，唐中宗吓得就想自杀，韦氏就安慰他说：“祸福无常，不一定是赐死，何必这样惧怕呢?”多亏韦氏在患难之中的帮助，唐中宗才活了下来，所以他和韦后的感情特别好。他曾经对韦氏发誓：“有朝一日，重登帝位，一定满足你的一切愿望。”如今他当上了皇帝，就想实现自己的誓言，一切都按韦后的愿望办。这样一来，韦后就学起了武则天的那套，但她又没有武则天的政治手段和治理国家的才能，所以唐朝的政局又开始动荡不安了。

那时候，武则天虽然死了，但武三思仍然很有势力。按照常理，唐中宗复位以后，靠着武则天这层关系发迹的武三思是不会受到重用的。然而，善于投机钻营的武三思竟然通过走“后宫”门路，权势不但不减于武朝，而且更加气焰熏天，不可一世。武三思从唐中宗的婕妤上官氏处得知，这位韦皇后并不是个守本分的女人，便有意托上官氏穿针引线。上官氏借机对韦皇后说：“皇后与皇上过去共患难，如今应该同享乐。难道只能是皇上选妃行乐，皇后却不能行乐吗?”这话正说到韦皇后的心坎上，她只是表面上嗔怪了上官氏几句。上官氏见时机已到，遂帮助韦后勾搭上了武三思。从此以后，武三思和韦后经常在一起淫乱。韦后对他宠幸有加，常对唐中宗吹枕头风，说武三思如何有才干。糊涂的唐中宗信以为真，封武三思为司空，同中书门下三品。

韦后为了和武三思亲上加亲，把她最宠爱的小女儿安乐公主嫁给了武三思的儿子武崇训，两家成为儿女亲家，关系十分密切。唐中宗对韦后言听计从，他见韦后信任武三思，自己遇到什么重大的事，也找武三思商量，还听从韦后的意见，任命武三思当了宰相。武三思依靠韦后，比武则天当权的时候更加耀武扬威。

张柬之见形势不妙，就劝唐中宗除掉武三思，削弱武氏的权力。可那时，木已成舟，武三思已经深得唐中宗的信任。每次武三思入宫和韦后下棋，唐中宗总是站在一旁观战。武三思一两天不进宫，唐中宗就亲自去看望他，君臣二人已经是形影不离了。

后来武三思知道了张柬之想要加害于他，忙去找韦后商量对付的办法。韦后和武三思一起，到唐中宗那里攻击张柬之等5位大臣，说他们“恃功专政，图谋不轨”。昏庸的唐中宗信以为真，忙问：“这如何是好?”武三思把他和韦后策划好的主意说了一遍，要唐中宗晋升张柬之等五位大臣为王。唐中宗昏庸无知，哪里知道这其中的奥妙，问：“封他们做王，不是更难控制了吗?”武三思笑答：“这叫明升暗降，实际上夺了他们的权。”唐中宗依照他的意见办了。

果然，五位大臣不久相继做了王，反而不能再参与朝政了。武三思把持了大权，把反对韦后的统统赶走，被张柬之罢官的一律复职。

有个叫宋之问的诗人，诗作得不错，却是个无耻之徒。以前投靠张易之，吹捧谄媚，当了少府监丞。张易之被诛后，他和弟弟宋之逊作为逆党，贬往岭南。他俩偷偷跑回来，藏到友人驸马都尉王同皎家里。王同皎对武三思和韦后的事很气愤，常常跟亲近的人议论。宋之问偷偷听到，就派他侄子向武三思密告，武三思使人捏造王同皎要谋反的罪名，矫诏将他杀死。又乘机诬告张柬之等“五王”都参与了这件事，把他们五人贬为远方州郡的刺史，远离京师。过了些日子，又再贬为州司马，几个月的工夫，这些宰相一级的老臣，竟一贬再贬成了地方上的小吏。武三思还怕他们日后回来，仍然是个威胁，就偷偷让人在天津桥张贴揭露韦后丑行的榜文，用来激怒唐中宗，然后再诬告是张柬之等派人贴的。这一次“五王”连地方小吏也做不成了，分别被分配到边远地区。最后，武三思为了斩草除根，竟然派人去将他们处死。武三思、韦后去掉心腹之患，气焰更加嚣张，武三思得意忘形地说：“我不知道什么叫好人，什么叫坏人。凡是对我好的就是好人，凡是对我不好的就是坏人。”一时间，趋炎附势的

大食人陶俑

小人，全都集中到武三思身边。

安乐公主是韦后最小的女儿，野心勃勃，一心想做第二个武则天。因她长得漂亮，又聪明，因此，唐中宗和韦后格外宠爱她，一些趋炎附势的官员对她也百般巴结。安乐公主在宫中飞扬跋扈，为所欲为。她想办什么事，需要皇帝下诏，就自己把诏书写好，却将内容部分用手盖住，不给皇帝看，只让皇帝签署。昏庸的唐中宗竟然笑着从命，因此，安乐公主也成了无人敢惹的厉害角色。

那时朝廷已经迁回西都长安。唐中宗和韦后生的儿子李重润，19岁时因议论“二张”被迫自杀了，皇家没有嫡子，只好立唐中宗的庶长子李重俊为皇太子，可是，安乐公主对唐中宗立李重俊做太子很不满意。安乐公主缠着父亲要他废了太子，而立自己为“皇太女”，将来继承皇位，要学她祖母的样子，也来做做女皇。宰相魏元忠说了几句不同意的话，安乐公主就大骂：“魏元忠这个山东傻瓜，懂得什么?阿母子(这是宫里人对武则天的称呼)可以做天子，天子的孙女儿就不可以做天子吗?”安乐公主朝思暮想当女皇，因此把李重俊看成眼中钉，千方百计想把他除掉。

太子李重俊也忍无可忍，便跟左羽林大将军李多祚、将军李思冲等起来反抗。他们领了300多名羽林军，先杀向武三思的王府，把武三思和武崇训捉住，历数他们的罪行，将他们一刀斩了。接着又杀进宫去，冲进隶辛门，找安乐公主，她听到消息，跑到玄武门城楼上躲避。唐中宗和韦后也赶来了，唐中宗对楼下太子带的羽林军说：“你等本来是朕的宿卫将士，怎么跟李多祚造起反来?你们把反贼杀了，我自然赏你们富贵。”羽林军将士们听了立刻反戈，将李多祚、李思冲杀了。太子见势不好，带着近侍跑出宫去，藏进终南山，但由于近侍中有人出卖，终于被害。

驸马武崇训死了，安乐公主改嫁武延秀，仍然像以前那样横行霸道。后来连宰相也出自她的门下，中书令宗楚客便是其中的一个。宗楚客本是武则天堂姐的儿子，进士出身。他原来投靠武三思，做了兵部尚书，武三思死后，他又投入安乐公主门下，终于官居宰相。景龙四年（710），有个叫郎岌的老百姓，给皇帝上书，说皇后和宗楚客将为逆乱，韦后让皇帝把郎岌杖毙，又有许州司马参军燕钦融上表说："皇后淫乱，干预国政，而安乐公主、武延秀、宗楚客等人，也图谋危害宗庙社稷。"中宗把燕钦融召来，当面质问，燕钦融慷慨直言，把韦后、安乐公主的丑事和不法勾当和盘讲出。

唐中宗听了默然不语，宗楚客在一旁见了，怕燕钦融再说出他的事来，竟让侍卫把燕钦融投在殿廷石阶上，折颈而死。唐中宗虽然不曾责备宗楚客，但面色很难看，宗楚客知道皇帝已经生了疑心，赶忙去报告了安乐公主。公主又和韦后商量，安乐公主建议，夺权害死父亲，让韦后临朝，立她为皇太女，将来传位于她，韦后同意了，母女二人合谋要毒死唐中宗。一天，唐中宗正审阅奏章，来不及吃饭，韦后让宫女送去蒸饼，唐中宗边看奏章边吃，没等吃完，便倒在地上死了。

韦后毒死唐中宗，把消息封锁起来，更不发丧，然后召集她的亲信，带兵5万人守卫京城，准备登基称帝。她没料到，被她陷害罢了官的李隆基(唐睿宗的第三个儿子)，早已料到韦后会篡夺皇位。为保卫唐室江山，他在长安的羽林军中结交了一批猛将，等待着时机。唐中宗被害，李隆基立即发动羽林军攻入宫中，杀了韦皇后和安乐公主，接着用武力清洗韦氏和武氏集团，把韦氏家族和武氏家族的人差不多都杀光了。

最后，由武则天的女儿太平公主出面，恢复唐睿宗的帝位。景云三年（712），唐睿宗又把皇位让给了李隆基，这就是历史上有名的唐玄宗。

点评

唐王朝前期的几个皇帝，除了李渊父子成就比较大以外，其他几朝皇帝都是懦弱无能之辈，这也就注定在这样一个男人弱势的皇族里，女人的野心就会慢慢地膨胀。

武则天称帝就是在这种情形下产生的。在封建社会，女人的地位是很低的，做女人要三从四德，更不可能读书，要想做官从政简直就像天方夜谭。所以在那种社会背景下，一个女人要想驾驭最高的皇权，没有足够的政治手段和非凡的执政能力是做不到的。

唐中宗和他父亲高宗一样，唯唯诺诺，没有君临天下、唯我独尊的王者风范。唐中宗这个皇帝，年轻时在武则天的压迫下过着平民都不如的凄惨生活，做了皇帝之后，又逆来顺受，对韦后和安乐公主言听计从，其命运悲惨到最后竟然死在自己最爱的妻子和最宠的女儿手里。回看他的一生，只能用一句话来总结：他是一个失败的皇帝，失败的丈夫，失败的父亲！

韦后乱政这件事紧接着就发生在武则天退位之后，当时，韦后作为后宫中的最高“领袖”，她也想走武则天一样的道路。但同样的历史是不可能在一个朝代发生两次的，李家坐皇位的人昏庸无能，但并不是李家所有的人都昏庸无能，李隆基就是最好的例子。

回味一下唐朝前期争夺皇位的历史，但凡有成就的皇帝如李世民、武则天，包括李隆基，这些皇帝登上皇位都直接或间接地与武力有关，他们都是在关键的时刻用武力打通了自己走向皇位的道路。历史上，为皇位而争斗的事情很多，但争斗之后夺取皇位而又取得成就的很少。唐王朝这些靠武力走上皇位的人，却为中国历史留下了唐王朝最兴盛的“贞观之治”和“开元盛世”。从这种历史现象中可以总结出一个经验，就像毛泽东所说的：“枪杆子里面出政权。”

相关链接

太平公主小传

她是大唐帝国中最受宠爱的女人——太平公主。太平公主是我国历史上赫赫有名的人物，她不仅仅因为是中国历史上唯一的女皇武则天的女儿，而且几乎真的成了“武则天第二”。其实，太平公主一生很不太平，她的血管里流动着的是她那极不安分的母亲的血液。她不但秉承了母亲武则天的睿智与美貌，同时也展露了她刚毅果断的政治才能及母仪天下的博大胸襟。她从小骄横放纵，长大后变得凶狠毒辣，野心勃勃地觊觎着那高高在上的皇位，梦想像她母亲那样登上御座，君临天下。她的一生经历了很多坎坷，两次婚姻都以失败告终，这使她决意移情朝纲政纪，辅助武则天力排众议，使之成为中国历史上唯一的女皇，之后又成功地粉碎了韦氏等人的政变阴谋，多次拯救大唐江山。

但她的下场是可悲的。婚姻上的失败和政治上的挣扎让她看透了宫廷的尔虞我诈。最后她面对李隆基赐予的一尺白绫，在绝望与孤独中悬梁自尽于大明宫深处。

太平公主虽不乏心机和才干，也曾纵横捭阖得意于一时，但终未能承继母志，位列九五，只是在史书上留下许多五颜六色的斑痕而已。

鉴真东渡日本传佛法，让世人都明白中华民族对待文化的一种态度：要拿进来，更要送出去。

第十一章 鉴真东渡传佛法

唐王朝无论是综合国力，还是发展成就，在当时周边国家中都具有很大的影响力，周边这些小国不断地派遣使者来学习唐王朝在政治、经济、文化等方面的先进经验，其中日本是派遣次数最多，也是派遣规模最大的国家之一。从唐贞观四年（630）到唐乾宁元年（894），日本派出遣唐使(赴唐朝的使者)共 14 次，每次都在 100 人以上，最多的一次有 650 人。很多日本留学生进入唐朝的最高学府国子监深造，有的在中国居住 20 年以上，有的则留在唐朝做官。唐朝也有许多学者到日本去，其中最著名的是大和尚鉴真。

鉴真俗姓淳于，他于垂拱四年（688）生于扬州江阳县(今江都县)，父亲是个商人，也是个非常虔诚的佛教徒，鉴真从小受影响，对佛教产生了浓厚的兴趣。他 14 岁的时候，随着父亲去寺院里游览，见到佛像，大受感动，于是请求出家，父亲见其少年有志，便慨然应允。他出家之后，先就智满禅师为沙弥，后从名僧道岸法师受菩萨戒。经过佛寺里著名师父的指导，鉴真的佛学知识越来越丰富。后来在长安的一座佛寺里受了具足戒(戒是佛教徒应当遵守的戒条、戒律。举行仪式，接受师父授给的戒条，叫受戒。具足戒是僧侣的最高戒律，受具足戒表明受戒人的学问已经达到高深的程度，有了讲授的资格)。由于他渊博的学识和高尚的品德，当他 45 岁的时候，已经成为名扬四海的高僧，后来回到扬州，担任大明寺住持，开始教授戒律。

一、鉴真少年精研佛法

鉴真所处的时代，正是唐朝开元、天宝年间的“盛世”，而当时的扬州，是仅次于两京的繁华城市，唐诗中有“十里长街市井连”、“夜市千灯照碧空”等句，可见其兴盛景况。扬州不仅商业繁荣，而且人文荟萃，佛教文化也很发达。鉴真生逢此时此地，加之个人好学奋进，到 45 岁时，已经极

鉴真像

有盛名。《唐大和尚东征传》中写到："淮南江左净持戒者，唯大和尚独秀无伦，道俗归心，仰为受戒之大师。"《宋高僧传》说他"言旋淮海，以戒律化诱，郁为一方宗首。"他讲经传律，造立寺舍，供养十方僧众。又"开悲田而救济贫病，启敬田而供养三宝，写一切经三部，各一万一千卷，前后度人授戒略计过四万有余。"他的诸多弟子中超群拔萃的名僧有35人，他们"并为翘楚，各在一方，弘法于世，导化群生"。可见鉴真在东渡日本前已经是当时数一数二的高僧了。

二、矢志不渝，东渡日本

当时，日本受中国影响，大力提倡佛教。他们依照唐朝修建佛寺，日本政府还决定派荣睿和普照两位年轻的僧徒到中国学习佛学。他们到达中国以后，才发现中国的诸寺名僧都是以戒律为入道正门，若不持戒，便不齿于僧伍。而当时日本虽有佛法，却没有通晓戒律的传法之人，因此，他们特地来恳请得道高僧"东游兴化"，"为海东之导师"。荣睿和普照在洛阳、长安学习佛法，他们听说鉴真是一位德高望重的高僧，就想请鉴真到日本去。

唐天宝元年（742），荣睿、普照到扬州大明寺，拜访鉴真，向他说明了来意，鉴真见他们这样诚心，就问身边的弟子："你们有谁愿意接受邀请，去日本国传经吗？"在场的僧侣谁也不吭声。过了半天，一个名叫祥彦的僧徒站起来说："日本国离我们太远了，中间隔着茫茫大海，途中恐怕性命难保，所以不敢前往。"鉴真说："为了传播佛法，怎么能顾忌生命呢？你们既然都不愿意去，那我就去吧。"僧徒见师父态度这样坚决，都很感动，纷纷表示愿意跟随师父东渡日本。

当时唐朝法律规定，未经政府批准，私人是不准出国的。荣睿和普照通过宰相李林甫的哥哥、信奉佛教的李林宗的帮助，办理了鉴真出国的手续。鉴真原定在天宝二年（743）春启程，可是就在准备就绪即将出发时，同行弟子中有人被诬告勾结海贼，大明寺因此遭查抄，所造船只也没收，因而未能成行。同年十二月，鉴真通过关系买了一只军用船，雇得船工 18 人，满载食品及各种物资，带 17 名弟子和 85 名工艺人，再次举帆东下。刚入扬子江口，就遇上狂风大浪，船体破损，众人在齐腰深的潮水中修理船只，寒风打面，水冷彻骨，苦不堪言，好不容易把船修理好，待到风浪平静，再度扬帆出发，不久又遭遇疾风恶浪，触礁船破，人虽得救，但水米俱尽，饥渴三日，才有人送来水米。明州太守得知消息后，派人救援，把他们安置的阿育王寺，第二次东渡又未成功。

其后鉴真翻山越岭，遍游浙东诸州，讲律授戒，巡视阿育王寺、国清寺等名刹圣迹，同时仍然待机东行，曾经有两次将要出发时，皆因为国人不舍其再涉险东去，设法加以阻留，所

鉴真第六次东渡（欢迎鉴真）

以未果。

天宝七年（748），61 岁的鉴真做好了第五次东渡的准备。六月的一天夜间，鉴真和他的弟子们登上大船出发了，不久就遇到了大风浪。船行至浙江海面，几次在一些小岛附近避风，直到十月才继续起航。没料到刚行到中途，海面上突然刮起暴风。风越刮越大，浪越来越高，黑云遮天，狂风怒吼，船上的人，一个个头晕无力，呕吐不止，只有船夫还能勉强支持。船上的淡水用完了，只好喝海水，喝了却腹胀难忍，不断有人痛倒，他们一连在海上漂了 14 天，船终于靠岸了。上了岸才知道已经到了海南岛最南端的振州。

这时候，不幸的事情接二连三地发生了。先是荣睿因旅途颠簸，患病去世。接着鉴真因为不适应南方的暑热，得了眼病，双目失明。不久，跟随鉴真多年的弟子祥彦也得病去世。这一系列的打击和挫折，并没有吓倒鉴真。相反，他东渡的决心更加坚定了，天宝十年（751）春天，鉴真回到了扬州，又着手准备第六次东渡。

三、东渡日本后的诸多成就

第二年，日本政府派出了藤原清河大使为第十次遣唐使，他们在返回日本之前，向唐玄宗正式提出聘请鉴真去日本传戒的要求。藤原清河还亲自到扬州拜访鉴真，向他发出邀请，这时候，扬州的僧侣仍然严密地监视着鉴真，不肯再让他去日本国。鉴真和日本使者只好约定在黄泗浦会合，在鉴真的弟子仁幹神师的帮助下，十一月的一天晚上，鉴真和他的弟子共 24 人，悄悄离开寺院，登上了船，开始了第六次东渡。航行一个多月，十二月二十日顺利在秋妻屋浦(鹿儿岛南端)登陆，终于实现了多年东渡日本的夙愿。跟着他渡海东去的还有23名弟子，里面有三名尼僧和三名外国僧人，他们随身带去如来佛舍利三千粒，佛像、经书一批，还有其他一些珍贵物品，其中有王右军真迹行书一帖、王献之真迹行书一帖。

鉴真一行到达日本之后，受到日本朝野极热诚的欢迎。他在第二年的二月一日，由九州博多的太宰府到达难波(今大阪)港，唐僧崇道等人前往迎接。二月三日，大纳舍正二位朝臣藤原、仲麻吕遣使奉迎，又有名僧30多人前往拜谒。二月四日入首都奈良，圣武天皇派正四位下安宿王在罗城门外候迎慰劳。引入东大寺安顿。第二天，唐道璿律师、婆罗门菩提僧正前往慰问，日本宰相、右大臣、大纳言以下朝廷官员百余人亲去礼拜问讯，接着天皇又派正四位下朝臣吉备真备传达口诏："大德和尚，远涉沧波，来投此国，诚符朕意，喜慰无喻。朕造此东大寺经十余年，欲立戒坛，传授戒律，自有此心，日夜不忘。今诸大德远来传

鉴真纪念堂

戒，冥契朕心。自今以后，授戒传律，一任大和尚。”天皇即日又敕僧都良辨抄录了随来诸僧的名单，送入禁内，不日即敕授鉴真传灯大法师位。

当年四月，东大寺卢舍那殿前建起日本第一座戒坛，举行了极为隆重的授戒仪式，圣武天皇第一个登坛从鉴真大法师受菩萨戒。接着皇后、皇太子也登坛受戒。随后受戒的有沙弥证修440余人，还有80多位高僧自愿舍弃旧戒而接受大和尚重新受戒。后来在东大寺大佛殿的西边，移来圣武天皇受戒的坛土筑造了永久性的戒坛院。天皇把授戒传律的最高权限给予了鉴真，并确立了僧人受戒的新制度。日本天平宝字三年（759），鉴真大师又在天皇赐给他的田地上建立了唐招提寺，接收和供养四方来学戒律的人。从此以后，日本律仪渐渐严整，师资相传，“如一灯点燃百千灯”，律宗在日本成为一个独立的大宗派，与大唐传去的三论、成实、俱舍、法相、华严诸宗并称“南都六宗”。

唐代彩绘釉陶戴风帽骑马女俑

对于鉴真东渡，《唐大和尚东征传》中写到：“大和尚从天宝二载始，为传戒五度装束，渡海艰辛，虽被漂回，本愿不退。至第六渡过日本，三十六人总无常去，退心道俗二百余人，唯有大和尚、学问僧普照、天台僧思托，始终六渡。经逾十二年，遂果本愿，来传圣戒。方知济物慈悲，宿因深厚，不惜生命，所度极多。”

鉴真东渡传法，对日本佛教后来的发展产生了重大影响。例如，日本天台宗的创始人传教大师最澄(767—822)就说：“远仰上宫太子，近凭过海和尚，建立此宗，报谢彼德。我国佛家弟子，谁忘二圣恩者哉。”由此可见，“过海和尚”鉴真在日本授戒传律，为日本天台宗的创立打下了重要基础。

其实，鉴真大师传到日本的，远不止是佛教的经论戒律。他和他的随从弟子们都是能文善诗、德才俱高的人，并且精于书画，巧于工艺，对日本艺术的发展和日本人学习汉字、汉文学都起了推动作用。唐招提寺的堂塔伽蓝及佛菩萨像，就是由他们主持建造的。唐招提寺的金堂是仿照中国盛唐时期的佛殿而设计的，造型极为精美，日本已把它列为“国宝”。金堂内供奉的三尊佛像，中央是卢舍那大佛坐像，高三米有余，为日本现存古代艺术品中最宏伟的贴金乾漆夹纻造像。大佛两侧是乾漆夹宝宁的药师如来和千手观音菩萨立像，丰丽多姿，明显具有盛唐风格。

鉴真是一位学识渊博的高僧，他还颇通医学，尤其精于本草学。当时日本人医学水平不高，多不能辨认药物的真伪，天皇曾特下诏请鉴真辨认药物，他虽然看不见，可是用鼻子一闻便知。光明皇后患病，群医束手无策，鉴真进药石治疗，其病霍然而愈。根据日本医学史书的记载，现存东大寺正仓院的1200年前由大唐运往日本的药物中，有一部分就是鉴真带去的。

鉴真著有《鉴上人秘方》一卷，对日本医学和本草学的发展大有助益，因此他被日本人誉为“医术之祖”。可惜《鉴上人秘方》已经散失，但在9世纪末成书的《日本国见在书目录》中有其录，并且在10世纪成书的《医心方》中，对鉴真的秘方仍有引用。日本江户时代（1606年—1867年）的药纸药袋上，印有鉴真的肖像，还有“开山鉴真大和尚传方奇效丸”一类的字样，可见他的医术在日本也有极广泛而深远的影响。

奈良唐招提寺御影堂中的鉴真和尚乾漆夹纻彩色坐像，是他坐化前不久，弟子们模影后建造的，那圆满安坐的形象，祥和、沉静、坚毅而充满信心的神情，刻画着他毕生的经历和不朽的业绩。

他在日本不仅是弘法传教，更重要的是弘传中华民族当时的先进文化和文明的精神。鉴真在日本整整度过了10个春秋，为中日两国的友谊和两国科技文化的交流做出了杰出的贡献。公元763年，76岁的鉴真在奈良病逝了。日本朋友将他葬在唐招提寺，并且世世代代纪念他。1980年，日本政府还特地把鉴真的坐像送回中国扬州“返乡探亲”，在中日两国友好关系中增添了一段佳话。

点评：

在日本奈良唐招提寺中，有一尊僧人的坐像，造型优美，形象逼真，被尊为日本的国宝，受到特别的保护，每年只开放三天，供人瞻仰。这尊坐像塑的就是中国著名的高僧鉴真。他不远万里，远渡重洋，历尽艰辛，到日本传教的事迹，至今还在中日两国人民中传颂着。

大唐盛世，经济与文化高度繁荣，中外文化交流也空前活跃。就在那个时候，有两位佛教大师应运而生，在中外文化交流史上留下了光辉灿烂的篇章。这两位大师，一位是西游天竺取经的玄奘，另一位便是东渡扶桑传法的鉴真。

两位高僧，一位是吸收外来文化的杰出典范，另一位是传扬中华文明的优秀使者，这两位高僧的形象交互辉映，显示出中国文化的特质。就在玄奘返回长安差不多一百年之后，鉴真决意东渡，虽多次出航受阻，身心备受折磨，以至双目失明，但仍然矢志不渝，经十几年的不懈努力，终于踏平东海千重浪，把戒律经论传到了日本，成为日本律宗始祖，使日本佛教进入一个新的阶段。

我们可以称赞玄奘是一个追本求源的优秀学者，但对于鉴真我们却不得不称其为“高尚的国际主义传道者”。

相关链接：

鉴真小传

鉴真大师俗姓淳于，唐代扬州江阳县（即今扬州市）人。生于唐垂拱四年（688），卒于唐广德元年（763）。

他遍游南北，广从名师，好学不倦，博学多能。不仅精于佛典，而且医药造诣也很深。他赴日传授医学和律宗（指佛教专守的戒律），是亲授中国医药而赴日的第一人，对日本的文化特别是医药学发展有很大的贡献。日本人民称他为“过海大师”、“医药初祖”、“日本神农”和“药王”等。

他的一生精勤研读，谦虚谨慎。赞宁和尚对他的为人概括了八个字："动必研几，曾无矜伐"。他在治学上，能处处虚心学习，走到哪里学到哪里，既从书本上学，也从实践中学，真可谓"读万卷书，行万里路"。

鉴真大师一生对社会的教化有非常大的贡献，在中国弘法期间，曾行经广西、广东、江西、湖南、浙江、江苏等地。传授菩萨戒，不但净化了人心，而且也净化了社会。鉴真大师后来不幸失明，仍然到处讲律、授戒、建寺、造塔、修塔寺、救济贫民，广大的慈悲心与毅力，足为后世的楷模。

在佛教建筑、雕塑等方面，他也颇多建树。据《唐大和尚东征传》记载，鉴真后归淮南，教授戒律，每于"讲授之间，造立寺舍……造佛菩萨像，其数无量。"

鉴真对于中日文化的交流做出了巨大的贡献，为日本佛教的广泛流传和医学的进步作出了不朽的贡献。

唐王朝危而不坠，又迎来新的太平盛世，并把唐王朝推向了历史的顶峰。

第十二章　继往开来的“开元盛世”

唐玄宗李隆基，是唐睿宗李旦的第三子。史称李隆基善骑射，通音律，晓历象之学，善写八分书，是一位多才多艺的封建帝王。武则天之后，唐中宗继位，但是大权旁落，最后自己亦被妻子(韦后)和女儿(安乐公主)毒死。李隆基就是在这种特殊环境下登上历史舞台的。他迅速平定了韦后之乱，并诛灭韦后、安乐公主，结束了混乱的政治局面。玄宗登基之后，致力于政局的稳定。他经历过复杂的政治斗争，有处理危难政局的经验。

唐玄宗在位期间，继“贞观之治”，开创了唐王朝又一个盛世，在“开元盛世”时期，唐王朝经济、文化达到了顶峰，政治制度也趋于完善。

一、李隆基艰难登帝位

李隆基 28 岁当了皇帝，年号“开元”，由于他死后的庙号是

“玄宗至道大圣大明孝皇帝”。所以后来史书上就称其为“玄宗”。又因庙号中有个“明”字，又称“唐明皇”。

他是唐睿宗的第三个儿子。大哥李成器曾被武则天立为皇太孙。后来中宗即位，改封为宋王。李隆基剿灭了韦后和安乐公主，使父亲睿宗复位。睿宗在确立东宫皇储时有些为难，如果按常规来讲，李成器不但年长，而且是嫡子，并做过太孙，但李隆基却在建立王朝中立了大功，所以睿宗迟迟决定不下来。李成器看出父亲的心事，就亲自去见父亲，流着泪恳请让位，睿宗很感动。大臣们也认为李成器过于忠厚老实，不如李隆基能干，于是，睿宗终于决定立李隆基为太子。

李隆基像

太平公主与睿宗同是武则天所生。她长得方额广颐，沉敏多权略。武则天以为她很像自己，从小就对她特别宠爱，常让她参与机密，太平公主确实像她母亲一样，是个有野心的女人。武则天统治的年代里，太平公主因知道母后厉害，还不敢争揽权势。

后来，在诛灭张易之、张昌宗时，太平公主出了力。在平叛韦后时，她拥戴相王为帝，又立了大功，这一切使她对政治的兴趣更大了。睿宗因为太平公主屡立大功，对她更加尊重，常与她坐着商量国家大事，谈得忘了时间。太平公主几天不入朝，宰相们就要到公主府上去请示。宰相奏事时睿宗总要问：“与太平商议过吗?”再问：“与三郎(李隆基)商量过吗?”然后才批示。太平公主只要有请求，睿宗无不听从。宰相以下，要升要降，只要太平公主一句话，经太平公主引荐而任用的达官贵人，不可胜数。一些钻营之徒，都趋附其门，一时门庭若市，权力显赫无比。太平公主的权势欲和野心也愈来愈大。起初，太平公主以为李隆基年纪轻，对他当太子并不在意。后来感到太子英武，怕他将来对自己不利，便想另立一个懦弱的王子为太子，以便能常保自己的权势。于是，她唆使人散布流言，说太子不是长子，按理不该册立。睿宗听到后，非常生气，马上下令不准再议论此事，违令者斩。太平公主又在太子左右安置了许多耳目，窥视太子的行动，哪怕芝麻绿豆般的小事，太平公主都知道，这使太子深感不安。

景云二年（711），太平公主与益州长史窦怀贞结为朋党，想加害太子。太平公主还想拉拢侍中韦安石，派女婿唐暖去邀请他过府议事，被韦安石拒绝了。太平公主又唆使党羽，散布朝廷内外都心向东宫的流言，企图挑起睿宗对太子的猜忌，睿宗秘密召见韦安石，要他查访此事。韦安石正色道：“陛下何来此亡国之言!此必是太平计谋。太子有功于社稷，仁明孝友，天下共和，愿陛下不要听信这类谗言。”睿宗突然醒悟，说：“朕知道了，卿不要再说。”当时太平公主正好在门外听到了这番谈话，把韦安石恨得咬牙切齿，马上唆使人陷害韦安石，幸亏宰相郭元振鼎力相救，韦安石才免遭迫害。

太平公主又在光范门内邀集宰相，暗示要他们改立太子，宰相们听了，不觉失色。

过了几天，睿宗对近臣说：“今有术士说，五日内当有急兵入宫。卿等须注意防范。”中书侍郎张说估计又是太平公主搞的鬼，便说：“这必是有人想离间太子，陛下使太子监国，流言就自然平息。”姚元之立即附和：“张说的话，是安定社稷的大计，请陛下准行。”睿宗同意，以宋王成器为同州刺史，豳王守礼为豳州刺史，左羽林大将军岐王隆范为左卫率，右羽林大将军薛王隆业为右卫率；太平公主与武攸暨安置到蒲州。太平公主接到去蒲州安置的制敕，十分懊丧。她探知是姚元之和宋璟的主意，不禁大怒，气势汹汹地责问太子。太子害怕了，奏说姚元之、宋离间姑侄，该从重惩办。于是，贬姚元之为申州刺史，宋 为楚州刺史。宋王、豳王暂不出任刺史，仍留居京都，但太平公主夫妇，仍须去蒲州。

四月，睿宗召集三品以上大臣，说：“朕天性恬淡，不以万乘为贵，昔为皇太子，又为皇太弟，都坚辞不受，如今想传位太子，众卿以为如何?”群臣都不回答。殿中侍御史和逢尧向来附和太平公主，说：“陛下春秋未高，方为四海景仰，岂可急于传位!”睿宗没有坚持，但下旨，令今后一切政事都由太子处理。凡军旅死刑及五品官以上官吏的任命，先与太子商议定后，再奏闻皇上。五月，太子上表，想让位于宋王李成器，睿宗不许。请召太平公主还京，睿宗应允了。

先天元年（712）七月，西方出现了一颗彗星，光芒数丈，经轩辕位进入太微星座。太平公主又利用这件事，派术士去对睿宗说：“彗星是除旧布新的征兆，皇太子当为天子。”太平公主的本意是要激怒睿宗，使他憎恨太子。不料睿宗听了，正合心意，毅然说：“朕早想传位，今天象如此，传位避灾，朕志已决。”太平公主慌了，忙同她的党羽入朝，竭力阻挠禅位。李隆基听到此事，急忙赶来，跪在地上，连连叩头说：“臣不过因为微功，被破例立为皇嗣，心中常常不安，今陛下急着要传位，不知何意?”睿宗道：“朕所以能得天下，都是你的功劳。今帝座有灾，所以传位，转祸为福，你不必多疑。”太子再三辞让，睿宗变色道：“你要做孝子，何必定要在我灵位前继位!”太子泪流满面，只好退出。

三彩灯台

七月二十五日，唐睿宗下旨传位太子，太子上表再辞，睿宗不许。太平公主弄巧成拙、追悔莫及，无可奈何地对唐睿宗说：“皇兄虽已传位，但太子毕竟年轻，阅历尚浅，国家大政，还需皇兄兼理。”睿宗觉得有理，召嘱太子：“你以天下事重，一再辞让，朕虽传位，岂能忘记国家，凡军国大事，我自当兼理。”八月初三，隆基即位，史称玄宗，改元先天。尊睿宗为太上皇。太上皇自称为“朕”，所下的命令为“诰”，每隔五日受大臣朝见一次，地点在太极殿。皇帝自称为“予”，下达的命令叫“制”、“敕”，每日在武德殿受大臣朝见。三品以上官员的任命以及重大的刑政由太上皇决定，其余都由皇帝决定。

当时的宰相，多数是太平公主的党羽，刘幽求与右羽林将军张伟商议发动羽林兵将他们一网打尽。商定后，刘幽求叫张伟秘密去见玄宗，说：“窦怀贞、崔湜、岑羲，都是太平引荐得做宰相的，日夜谋逆，若不早图，一旦事发，何以得安!请速诛灭他们。臣已与刘幽求商定一计，只等主上下令。”玄宗深以为然。

张伟出来，把此事告诉了侍御史邓光宾。邓光宾又泄露给别人，辗转传到窦怀贞的耳朵里，不由大吃一惊，急忙约了崔 去见太平公主。太平公主听了，气得暴跳如雷，立即进宫见睿宗，一口咬定玄宗要无端加害于她。唐睿宗马上叫来玄宗，责问此事。玄宗一时无法解释，只好推到刘幽求和张伟身上，睿宗命玄宗惩办二人，玄宗不得已，只好将刘幽求、张伟、邓光宾拘捕入狱。窦怀贞、崔湜等接连上奏，说刘幽求、张伟离间骨肉，罪当处死，玄宗坚决不答应，说刘幽求有大功于国家，功过相抵，不应处死，最后流放刘幽求到封州(今广东封开县)、张伟到峰州(今越南河西省山西西北)、邓光宾到绣州(今广西桂平)。

自刘幽求、张伟流放后，太平公主依仗太上皇睿宗，气焰格外嚣张，朝廷七相，五出其门，文武大臣，大半依附于她，此时，朝政实为她所掌握。

王琚看到事态越来越严重，已经到了剑拔弩张的地步，曾多次请玄宗赶快采取断然行动。玄宗鉴于刘幽求、张伟前辙，犹豫不决，恰好张说从东都派人进呈玄宗佩刀一把，玄宗不解其意，王琚说：“左丞是借刀示意，要陛下‘快刀斩乱麻’呀!请陛下断绝疑虑，从速行动。”

这时，荆州长史崔日用进京奏事，玄宗征求他意见，崔日用奏说："太平谋逆，已非一日。过去陛下在东宫，犹为臣子，若要诛讨，尚需用谋。如今陛下身登大位，只要一道制命，谁敢不从?"玄宗沉吟道："卿言虽是，只恐惊动太上皇，有所不便。"崔日用道："天子之孝，在于安定四海，若奸人得志，社稷宗庙夷为废墟，还谈得上孝吗？如怕惊动太上皇，请先定北军，后收逆党。"玄宗以为有理，便把崔日用留在京师，任为吏部侍郎，加强自己的力量。

在随后的一段时间玄宗采取了一系列手段，并按照崔日用的设想除掉了自己坐稳江山的一切障碍，最后，赐给太平公主一尺白绫，使其自杀于大明宫深处。

二、处理兄弟关系的独特之道

唐睿宗的 5 个儿子是在危难中长大的，彼此感情很深，十分友爱，这也是皇族家庭少有的现象。李隆基做了皇帝，没有忘记兄弟的情谊，他从内心里更是感激大哥的让位大德，但唐玄宗深知各位皇家后代，是政治稳定的最大隐患，只有限制他们的权利，才能让大唐的江山长治久安。

宫廷政变，是唐王朝建立后帝王更迭的主要原因。玄宗对唐宗室管制甚严，即使是他的同胞兄弟，也只以恩礼相待，而不授予要职，免其掌握实权，从而削弱皇室内部发动宫廷政变的政治基础。李隆基原与诸兄弟住在长安的隆庆坊，他立为太子之后，改隆庆坊为兴庆坊，仍与众兄弟们住在一起，食则同桌，寝则同眠，和睦相处。玄宗即位后，众兄弟仍然掌管禁军，宋王李成器为闲厩使、左卫大将军，申王李成义为右卫大将军，岐王、薛王也分管左、右羽林军；同时，宋王是唐睿宗的嫡长子，邠王李守礼是高宗的长孙，他们在皇室中的特殊地位很容易被阴谋家所利用。因此，唐玄宗于开元二年(714)，采纳了宰相姚崇的建议，解除了诸王的兵权，分别将宋王出为岐州刺史，申王出为豳州刺史， 王出为虢州刺史，薛王出为同州刺使。玄宗还“令诸王到官但领大纲，自余州务，皆委上佐主之”。“上佐”指州长史、司马。诸王虽为一方牧守，但并不掌控军政大权，从而减少了起兵造反的可能性。同时，为了减少京官与诸王及诸王之间的接触机会，玄宗还规定“宗王以下每季两人入朝，周而复始”，使诸王不能同时留居京城。兄弟之中唯岐王隆范曾参与诛灭太平公主之事，恃功骄恣，不受约束，常与朝臣张说、驸马都尉裴虚已宴游。玄宗先后将张说、裴虚已二人流放外地，以儆效尤，而与岐王李隆范兄弟之情一如往昔，

蛇骨塔

且告诫左右道："兄弟天性，怎可失欢?不过有奸猾之徒，攀附邀宠，无碍兄弟之谊。"唐玄宗旧邸兴庆坊升格为兴庆宫之后，玄宗环绕兴庆宫为诸兄弟筑官邸。玄宗常常登楼与诸王欢娱作乐，对榻坐谈。诸王每日纵饮、聚赌、击球、斗鸡、郊猎，玄宗都不加禁止，但严禁他们与朝臣、外戚交游。

三、知人善任的唐玄宗

玄宗不但使内部宗亲和睦安定，在朝廷之中，也注意选用贤臣。因为唐玄宗经过两次政变才得到政权，所以他很注意从各方面来巩固他的统治。他即位的第二年就规定：在京官中选拔有才识的人派到外地任都督刺史；选外地都督、刺史中有本事的调到朝廷来任职，使他们出入人数相差不大。后来把这种调动作为一种制度固定下来，从而达到了"铁打的营盘，流水的兵"这种效果。

姚崇像

在唐玄宗继承帝位之初，为了巩固自己的地位，开拓局面，他感到必须有一名既有治国才能又十分可靠的宰相来辅佐自己。因此，他还积极选择良臣，辅己治国。唐玄宗很看重被贬到地方的姚崇。一次，唐玄宗在骊山检阅军队之后，又狩猎于渭川。这时，姚崇赶到，受到唐玄宗接见。唐玄宗问他："你会打猎吗?"姚崇说："臣 20 岁的时候，经常外出打猎，后来才读书。如今虽然到了残年，还能骑马射箭。"唐玄宗让他参加打猎，姚崇竟然箭无虚发，玄宗非常高兴，约他到行宫谈论天下大事。姚崇谈古论今，谈得头头是道，唐玄宗听得入神，竟忘记了吃饭。

最后，唐玄宗对姚崇说："我早知道您是个人才，请您做我的宰相吧。"姚崇推辞不干，唐玄宗感到很奇怪，问他什么缘故。姚崇跪下说道："臣有十件大事，恐怕陛下未必同意，所以不敢接受任命。"唐玄宗说："你说说是什么大事?"姚崇说："第一，以仁义为先，不要只用刑罚；第二，十年之内，不要在边境作战；第三，宦官不要干预朝政；第四，皇亲国戚不要任国家重要职务；第五，无论什么人，犯了法都得受罚；第六，取消租税以外的一切额外征收；第七，禁止营造佛寺；第八，对待部下要以礼相待；第九，允许大臣对朝政提出批评建议；第十，严禁外戚干预朝政。这十件大事，陛下能同意吗?"唐玄宗十分诚恳地说："这都是关系社稷安危的大事，我都同意，您不必担心。"姚崇马上叩头谢恩，表示愿意接受任命。

姚崇当了宰相以后，没有辜负唐玄宗对他的信任，治理国家很有成就。有一次，姚崇为几个下级官员晋级的事去请示玄宗。他连奏三次，唐玄宗却仰视殿顶，不答理他。姚崇只好退出，玄宗的近侍太监高力士说："陛下日理方机，宰相来奏事，应该当面表示可否，不理人家好吗?"玄宗说："朕任命元之任宰相，如果有国家大事，自当来奏闻与朕共议，像郎吏这样的官吏升迁，他决定就行了，为什么还要麻烦朕呢!”高力士把这话转达给了姚崇，姚崇很高兴，也很感激唐玄宗对他的信任之情。

薛王李业的舅舅王仙童，因为抢夺百姓的财物，吞占民田，被御史告上朝廷。王仙童有恃无恐，通过李业，请唐玄宗赦免，唐玄宗派姚崇处理。姚崇对玄宗说：“王仙童犯法，证据确凿，御史所说的全是事实，不应该赦免。”唐玄宗同意姚崇的意见，依法惩办了王仙童，打击了那些无法无天的豪强贵族，使他们不得不有所收敛。

唐中宗以来，达官贵族纷纷营建佛寺。豪强富户往往利用出家为僧来逃避赋役，这样，就加重了百姓的负担，也减少了政府的收入。为了打击唐中宗以来发展起来的寺院地主势力，姚崇提出裁减僧尼、减少寺院的建议，唐玄宗非常支持。勒令3万多和尚、尼姑还了俗，还禁止百官和僧尼、道士来往，停止建造寺院。

开元四年（716），山东闹蝗灾，蝗虫飞起来遮天蔽日，停下来密密麻麻，把田里的禾苗吃得干干净净。地方的官员说：“蝗虫是神虫，不能捕杀。”老百姓吓得烧香、叩头，求老天开恩。姚崇得到这个消息之后，下令百官带领百姓灭蝗。他还提出灭蝗的具体办法，派御史到各处督促灭蝗。有个地方官叫倪若水，拒绝御史的检查，不组织百姓灭蝗，还写了奏章给唐玄宗，说：“蝗虫是天灾，不是人力能够灭除的，皇上应该多做有德行的事，只要感动上天，天就会把蝗虫收回去。”姚崇看了倪若水的奏章很生气，马上提笔给倪若水写了封回信，信上说：“要是多做有德行的事就能解除蝗虫，那么，你管的地方，蝗虫那么多，难道说你是个没有德行的人吗？你眼看禾苗被蝗虫吃掉，竟忍心不救，将来闹成饥荒，你怎么办？”倪若水接到信后，不敢违抗命令，几天工夫，他就发动百姓消灭了 14 万只蝗虫。

各地捕杀蝗虫的数目报到京城里，有个叫卢怀慎的官员劝姚崇说：“大家都议论纷纷，说蝗虫杀得太多了，恐怕得罪上天，您还是考虑收敛一下吧!”姚崇回答说：“蝗虫闹得这样厉害，百姓到处逃荒，能看着不救吗?要是这样做会招来灾祸，我一个人承担就是了。”由于姚崇积极采取灭蝗措施，这一年山东才避免了大灾荒。

有一次，唐玄宗问一位叫齐浣的官员说：“姚崇做宰相，可以和古代什么人相比?”齐浣说：“姚公虽然赶不上管仲、晏子那样的古代名相，也可以算是一朝名相了。”

在唐玄宗的时候，和姚崇齐名的贤相，还有宋璟、张九龄等，他们为唐朝的政治经济发展，做出了巨大的贡献。他重用姚崇和宋璟为宰相，这两个人十分能干，把国家大小事务处理得井井有条。人们把他俩跟唐太宗时期的宰相房玄龄和杜如晦相比，说“前有房、杜,后有姚、宋。”把玄宗开元这 20 多年，比同于太宗“贞观之治”时期，称之“开元之治”。

四、开明的经济文化政策

唐朝从贞观初年到开元末年，经过 100 多年的建设，出现了前所未有的繁荣景象，达到了全盛时期。一个小的县城也有万把户人家，稻米十分油润，大米也非常洁白，公家或私人的仓库里都装满了粮食。全国各地都很太平。出远门再也不必挑选好日子，齐鲁生产的丝织品一车又一车在各地畅销，男子养牛耕种，妇女采桑养蚕，大家安居乐业。

在生产恢复发展的基础上，开元年间物价较为低廉平稳。开元十三年(725)，“东都斗米十五钱，青、齐五钱，粟三钱”。此后，直至天宝末年，物价长期稳定，“两京斗米不至二十文，面三十二文，绢一匹二百一十二文”。物价低廉平稳对社会的安定有着积极的作用。

唐朝户口亦逐渐增长。在武德年间，全国有户 20 万，贞观时增至 30 万，永徽三年(652)上升至 380 万户，神龙元年(705)，全国有户 615 万，有人口 3714 万。而到开元、天宝年间，人口增加更快，在天宝十四年(755)，全国户数增至 891 万，人口达 5291 万，这是唐朝人口统计的最高数字，由于有相当数量的人不在簿籍，所以政府统计的户口数比实际户口数要低。估计，天宝年间全国实际户数至少有 1300 万至 1400 万，按一户五口计

开元通宝

算，唐朝全国约有6000万至7000万人。垦田面积据其估计约有800万至850万顷左右。

政局的安定为社会经济的发展创造了条件。玄宗注重兴修水利，发展农业生产。例如，开元二年（714），他命戴谦开掘并州文水(今山西文水东)东北50里的甘泉渠、25里处荡河渠、20里处的灵长渠及千亩渠，当时引水灌溉的田地面积达千余顷。

这些农田水利的兴修，对抵抗旱灾、增加粮食产量大有裨益。此外，唐玄宗还下令招募社会流民耕种荒田，免征5年赋税，刺激农业生产的发展。由于玄宗采取了这些发展农业生产的措施，使全国出现了“高山绝壑，耒耜亦满”的局面。为了解决谷贱伤农的问题并抵御天灾，玄宗又极力主张恢复常平仓、义仓制度。常平仓的设置，主要在于平抑粮价，防止年丰谷贱伤农和荒年谷贵伤农。而义仓的设置，主要在于荒年救灾和青黄不接时向农民免息贷种。

手工业方面，陶瓷、纺织、印染、造纸、印刷等各行各业较前代也有较大的发展和进步。随着农业和手工业的发展，商业也迅速发展。“东至宋(今河南商丘南)、汴(今河南开封)，西至岐州(今陕西凤翔)，夹路列店肆待客，酒馔丰溢，每店有毛驴可供客人选租，数十里之内必有驴驿。南起荆、襄(今湖北江陵、襄樊)，北至太原、范阳(今北京)，西至蜀川(今四川)、凉府(即凉州，今甘肃武威)，皆有店肆，以供商旅。”富商大贾空前活跃，社会财富的增加，使国力也空前强盛。

社会经济的繁荣，也推动了文化事业的发展。玄宗本人就是一位多才多艺的帝王，对当时文化艺术氛围的形成不无影响。玄宗特别擅长音律，使得当时的音乐舞蹈取得了长足的发展。盛唐诗歌最为后世称道，对中国文学的影响极为深远。盛唐时期的著名诗人如高适、岑参、王维、孟浩然、李白和杜甫等，都是光耀千古的诗坛泰斗。他们在诗中歌繁华、吟出塞，全面深刻地反映了这一时代的文化特征；其他如书法、绘画、雕塑、陶瓷等艺术也无不有显著成就，这些在以后的章节详细介绍。

唐玄宗前期，国家政治生活像唐太宗、武则天时期一样，保持着相对宽松与开放的面貌。也正是因为有了从初唐至盛唐比较清明的政治环境和文化氛围，所以，在进入中唐以后仍然出现了像初、盛唐时的魏徵、姚崇、宋璟那样敢于讲真话的贤臣名相，和一大批敢于评论当时政局的官员和文人，如颜真卿、刘晏、杨炎、陆贽、王叔文、杜黄裳、李绛、白居易、斐度、孟简、王涯、李训、郑注等。一个颇能说明问题的例子是：任左拾遗的白居易能够屡屡当面纠正宪宗过失，指斥“陛下错”而不至于获罪。

那时，由于政治相对比较清明，文禁较为宽松，所以诗人群体对于皇帝与朝廷权贵的批评大抵都是直抒其言，无所忌惮的，有时甚至达到嘲讽挖苦甚或侮谩的地步。即如白居易任左拾遗之前的元和元年(806)，他在盩至县(今陕西周至)任上，就曾写下著名的《长恨歌》，公然拿玄宗与杨贵妃情事开涮，以“惩尤物，窒乱阶，垂于将来”。李商隐也在《马嵬》诗末尾云：“如何四纪为天子，不及卢家有莫愁?”也是讽刺玄宗贵为天子多年，却保不住爱妃，反倒不如普通百姓能够夫妇长相厮守。如此群体性地张扬皇帝隐私，亵慢帝王尊严，在中国封建社会的历史上，大概只出现在唐代!

“开元盛世”是唐朝百余年社会经济发展的结果，是广大劳动人民的辛勤劳动所创造的，它的出现与唐皇朝统治者也有很大的关系。但随着唐玄宗统治趋向腐败，各种矛盾日益尖锐，社会危机也进一步暴露出来。

唐玄宗是中国历史上一个比较有争议的皇帝，他前期的成就与后期的反差判若两人，他把唐王朝推向了顶峰，但也是他为唐王朝的衰落埋下了种子。

点 评：

唐玄宗到底不是唐太宗和武则天。他的“开元盛世”，“守成”的意味多于“创新”。而“开元盛世”所以能达到唐代社会经济发展的顶峰，并非他比唐太宗、武则天两位先辈贤明和有能力，而是借乘了他俩已开启的顺风船罢了。他在进入开元后期便渐生骄奢之心，开始享乐，以致“视金帛如粪土，赏赐贵宠之家，无有限极”；在政治上开始听不进反面意见，连续重用奸佞小人李林甫与杨国忠为相，军事上任用骄横跋扈、野心勃勃的杨思勖、安禄山等为主帅，好大喜功，轻启边衅，导致社会矛盾激化，最终酿成历时7年多的“安史之乱”。唐朝由此从极盛的顶峰开始下落，出现藩镇割据的形势，盛唐局面从此结束。

尽管如此，唐朝自太宗、武则天以来建立起来的政治体制、经济方针和人文传统的余威还在。玄宗以来的十几代皇帝从总体上看，大多能努力以“贞观之治”为圭臬，在日益复杂和加剧的各种矛盾中奋力周旋、抗争，力图做中兴之主。因此，盛唐以后，社会经济的总水平，是在一条缓慢下降的曲线上大体维持着一个仍显繁荣的格局。如果再拿唐朝与之前及之后的历代王朝相比，时间跨度不到300年的唐朝的综合国力则毫无疑问地当属整个中国封建社会2000多年历史上的最高峰。

相关链接

唐玄宗小传

李隆基（685~762），唐代著名皇帝，唐睿宗李旦第三子，善骑射，通音律、历象之学，多才多艺。

神龙元年（705），中宗李显即位，恢复了唐国号，但政权却旁落在皇后韦氏手中。中宗去世后，韦后立温王李重茂为帝，是为少帝。李隆基与其姑母太平公主发动政变，诛杀韦后。少帝被迫逊位，相王李旦即位，是为睿宗。李隆基因除韦后有功，被立为太子。延和元年（712）八月睿宗传位太子，退为太上皇。李隆基即位，改年号先天，是为玄宗。不久，太平公主又欲发动宫廷政变以废玄宗，李隆基乃与郭元振、王毛仲、高力士等人于先天二年（713）先发制人，赐太平公主死，尽诛其余党。年号改为开元，唐代进入了开元至天宝长达40余年政局比较稳定的鼎盛阶段。

历史学家对于唐玄宗的评价很多，他本人也是一个很有争议的皇帝，但他所统治的时期可以称其为“大治大乱”。前期的卓越成就与后期的昏庸无度相当，可以说是一个功过各半的政治家。他是一个多情的男人，少年时代对姑妈“太平公主”产生了亲情以外的感情，后期又由于对杨玉环的钟爱，荒废了朝政。这种男人的成败，站在不同的立场上评说就会有不同的结论。

自古红颜多祸水，英雄总被美人误，像唐玄宗这样的一代明君，也难逃这样的劫数。

第十三章　杨贵妃受宠，唐王朝衰落

唐明皇在宰相姚崇和宋璟的鼎力帮助之下，20 年来国泰民安。但是，自从姚崇去世、宋璟告老还乡，李林甫任宰相以后，“开元之治”就结束了。晚年的唐玄宗糊涂得不仅重用奸臣，而

唐·玉飞天佩

且特别贪恋女色。

天宝三年（744），最宠爱的妃子武惠妃死了，他十分伤心。那时候，后宫佳丽3000人，玄宗竟没有一个喜欢的。三个月以后，唐玄宗过55岁生日，按宫里的规矩得称之为“万寿节”。嫔妃、儿女和文武大臣们照例要给皇上贺礼。礼品一批批拿进来，但玄宗心情烦躁，只是勉强应付着。等到儿女们来向他进贺时，忽然，他眼前一亮，发现站在他的第十八个儿子寿王李瑁身边的一个王妃装束的女子，是那样的美丽动人。她身材适中，尤其是一双有神的眼睛，仿佛会说话似的，摄人心魄。皇上不禁怦然心动，眼睛竟然看呆了。儿女们祝贺完了接连离去，李瑁身边的美女走了几步又鬼使神差地回眸一笑，这一笑，使皇上李隆基的骨头都要酥了。这是他有生以来所看到的最合他心意的女人。玄宗问高力士：“李瑁身边那个女人，是

描金石刻武士俑

寿王妃吗？”高力士回答说：“是的，寿王妃姓杨，叫杨玉环，是陛下和惠妃替寿王选的妃子。奴才记得她是17岁入寿王府的，今年22岁。”虽然这个女子是他的儿媳，可玄宗还是想把她收为自己的妃子，这真可谓是英雄难过美人关。于是，唐玄宗就把这件事交给高力士去办。高力士是皇帝身边的近侍，整天想办法给皇帝寻开心，遇到这样的事，他自然有的是办法。他给皇帝出主意说，如果直接把王妃宣进宫来怕人议论，不如表面上让她到庙里当女道士，然后再暗中接她入宫,玄宗觉得此主意很合心意，就同意了。高力士接下来就紧锣密鼓着手办理杨玉环“出家”的事情。杨玉环没有一点思想准备，哪里愿意出家，无奈之下，高力士就说出真相，这才让她接受。她出家的地点是道观太真宫，是宫廷的庙宇之一，因此，杨玉环的道号便叫“太真”。杨玉环坐上一乘轿子，但却没进太真宫，而是直奔骊山。那里有一泓泉水，叫做华清池，事实上是一座叫温泉宫的行宫，皇帝这时正在那里等她。第二年八月，唐玄宗便册立杨玉环为贵妃。那时宫中

华清池

没有皇后，杨贵妃便成了后宫中最高的妃嫔。

自从她入宫以后，杨贵妃受到唐玄宗无比的恩宠。杨贵妃想要什么东西，想吃什么东西，唐玄宗就想尽一切办法弄来。当时荔枝产在岭南(现在广东省)和川东(现在四川省)，离长安几千里路，那时候最快的运输工具是马。杨贵妃想吃荔枝的时候，地方官员就派出最善于骑马的人，骑上最快的马，从生产地带着鲜荔枝，一站一站地换人换马，接力传送。荔枝很快被送到长安皇宫里面。剥开一尝，颜色和味道都还保持着新鲜。在那段时间里，传送加急官文的官道上，总是尘土飞扬，各个驿站里的马换了一批又一批。至于浪费了多少钱财，累坏了多少人，跑死了多少马，那时的唐玄宗哪还有心思计较。

唐·三彩西瓜

从杨贵妃入宫开始，唐玄宗就和她行影不离。有一天早晨，杨贵妃触犯了唐玄宗，玄宗一气之下派人把她送到了她哥哥那里。可是这一来，玄宗立刻显得六神无主，失魂落魄，吃不下饭，睡不着觉，也没心思玩，更没心思管什么朝政。他想把杨贵妃接回宫来，又不好意思开口。高力士摸透了唐玄宗的心思，提出要把贵妃院里的东西，统统装车送到杨贵妃哥哥家里去，给杨贵妃使用。玄宗一听，正好下台阶，就欣然同意了，并且亲自把自己吃的“御膳”分出一部分，派人一起送给贵妃吃，此时正好南方又有一筐荔枝送到，玄宗便让宫女把荔枝送到杨府。贵妃看到宫中来的使者就掉下泪来，说：“我的东西，都是陛下所赐，不能作回赠之物。只有头发是父母留下的。”说着就取出剪刀将头发剪下，交给宫使，说：“请将头发交给陛下，说奴婢感激不尽。”宫使拿着头发回宫，玄宗见了，急忙派高力士把杨贵妃接了回来。从这以后，玄宗对她更是百般顺从和宠爱。唐玄宗把杨贵妃住的地方叫作“贵妃院”，专门给贵妃制作衣料的丝织匠和绣花匠，就有 700 人之多。皇亲国戚都争着向贵妃进献价值最贵的食品，每次进献都是几十盘、上百盘的。地方官员们更是拼命从老百姓身上搜刮奇珍异宝、新奇玩意和名贵服饰，把它们源源不断地送到长安，贡献给杨贵妃。凡是贡献最多最好的人都升了官，或者从地方上调到长安来做京官。

在杨贵妃的陪伴下，唐玄宗更加纵情享乐，过着异常奢侈豪华的生活。白居易在《长恨歌》中写道：“春宵苦短日高起，从此君王不早朝”，他把国政完全交给像李林甫那样的奸相，并忘记了当初对姚崇许下的诺言，开始重用外戚，任命杨贵妃的叔父、堂兄做高官，她的三个姐姐分别封为韩国、虢国、秦国夫人。

从此杨家兄妹权势骤升，气焰冲天，无论哪级官员，要想办事顺利，那就到这几位的府中去走关系，只要他们到皇帝那儿去一说，就没有办不成的事情。他们可以自由出入皇宫，在他们面前连公主也不敢坐，杨家的势力压倒了满朝的人。那些吹牛拍马想向上爬的人，都争先恐后地到杨家送贿赂，杨氏各家的门口像市场一样热闹。送贿赂必须五家(杨贵妃的两个哥哥、三个姐姐)一起送、多少都得一样，不许有轻有重。唐玄宗给赏赐，也是五家一样多。杨氏兄弟姐妹，在京城里建筑了许多豪华的府第，一个比一个建得富丽堂皇。光是盖一个厅堂，就和其他达官贵人建一栋房子的花费一样。更有甚者，别人已经在这里盖好了房子，被杨家的人看中了，杨家人就派人拆了人家的房子，自己重新再盖。杨氏一家仗着唐玄宗的宠爱，为非作歹、横行霸道，老百姓都很气愤，但却敢怒不敢言。

杨贵妃有个堂兄叫杨钊，本是一个没有多大才干的小官，就是因为他和杨贵妃是亲戚，他又很会迎合唐玄宗的心意，所以唐玄宗越来越喜欢他，还亲自给他改了个名字叫杨国忠，并提升他当了京兆尹(相当于现在首都的市长)、御史大夫(相当于中央最高监察官)，并且兼了20多个其他的重要职位。杨国忠当了高官，大权在握，就放肆地胡作非为起来。谁要是对他溜须拍马，跟他一条心，他就给谁好处；谁要是不附和他，不奉承他，他就排挤、打击谁。杨国忠还是个贪得无厌的财迷，他残酷地剥削老百姓，聚敛了成千上万的巨额财产。他家里光是用丝织成的细绢，就有3000万匹，要是按当时全国人口均分，每人能分到半匹多呢。对杨国忠这样的人，唐玄宗越来越宠爱和信任，李林甫一死，玄宗立即提升杨国忠当了宰相，还兼任40多个其他的职位。

由于一个杨贵妃，杨氏一家人都显赫一时，真是“一人得道，鸡犬升天”。当时，民间流传着两句民谣：“生男勿喜生女勿悲，君今看女作门楣。”封建社会本来就是重男轻女，这歌谣说，生了男孩不要欢喜，生了女孩不用伤悲，你们看，杨家不就是因为有了个女孩子，才光大门庭的吗?

自从有了杨贵妃，唐玄宗完全沉溺于享乐之中，很少过问政事。再加上他信任奸臣，唐朝的统治从此越来越腐败了。

点评：

这是唐王朝走向衰落的开始，前期的唐玄宗无疑是一个很有建树的皇帝，他把唐王朝的统治推向了顶点，但同样是他又把唐王朝的统治领上了覆灭的道路。

“自古红颜多祸水”，虽说唐玄宗后期的种种失政不能都推到杨贵妃身上，但唐玄宗贪恋美色，致使他无心管理朝政，把朝政交给奸相李林甫，让几乎所有不听命于李林甫的正直大臣都遭到排斥，一批批钻营拍马的小人却受到重用提拔。唐玄宗还重用外戚，弄得朝野动荡，民不聊生。在军事上采取藩镇割据，削弱了中央的权力，那些节度使其实就成了各地的“土皇帝”。就在这个时期，唐朝的政治从兴旺转向衰败，“开元盛世”的繁荣景象日渐淡化。

唐玄宗后期的统治其实已经危机重重、摇摇欲坠了，他的这些昏庸行为，也加快了“安史之乱”的步伐。本来十分强盛的唐朝，从此一蹶不振，在以后的一百五十六十年里，一直处在动乱之中。

相关链接：

杨贵妃小传

杨玉环（719~756），即杨太真，蒲州永乐（今山西省永济）

人，蜀州司户杨玄琰的女儿。杨玉环的童年是在大唐开元盛世中度过的，她天生丽质，自幼学文习舞，颖慧卓绝，“性智慧，谙音律，明经史”。开元二十二年（734），17岁的杨玉环被纳为玄宗第十八子寿王李瑁的王妃。开元二十八年（740），唐玄宗去骊山温泉宫初见杨玉环，为其美貌所倾倒，于是度为太真宫女道士。天宝四年（745），唐玄宗册封杨玉环为贵妃，时宫中未立新皇后，宫人皆叫杨玉环为“娘子”，实居后位。

在众多的历史评论中，有人恨她，贬斥她，说她“蛊君误国”，把她看作是“祸水”、“尤物”、“妖姬”；有人爱她，同情她，说她从不参权问政，把她看作才女的典范，爱情的象征。但不管是恨她的人还是爱她的人，对于她的美丽，都是公认的。她是中国古代四大美人之一，用闭月羞花、沉鱼落雁形容并不过分。

杨贵妃是一个幸福的女人，得到了当时最有地位的男人的宠爱，并因她几乎放弃了江山，正印证了那句“爱江山，更爱美人”的佳句。

政治的腐败带来的直接结果就是军队的动乱，经过“安史之乱”的唐王朝从此一蹶不振。

第十四章 安史之乱，撼动唐朝根基

唐玄宗宠爱杨贵妃，又重用奸相李林甫和杨国忠，自己沉溺在享乐之中，对国事很少过问。唐朝统治越来越腐败，终于酿成“安史之乱”的大祸。“安史之乱”是安禄山和史思明发动和进行的叛乱战争。

公元742年，唐王朝改元“天宝”。玄宗设置了十个节度使，负责边境地区的军政事务，后来事实上他们便成了这些地区的“土皇帝”。节度使带领军队，还兼管行政和财政，权力很大，地位很重要。按照当时的惯例，节度使立了功，就可能被调到朝廷当宰相。

李林甫掌权以后，不但排挤朝廷的文官，还猜忌陷害边境的节度使。当时，边境将领中有一些胡人(古时汉人对北方和西北少数民族的统称)，李林甫认为胡人文化低，不会被调到朝廷当宰相，就在唐玄宗面前竭力主张重用胡人。唐玄宗听了李林甫的话，提拔了一些胡人当节度使，安禄山就是在这种情况下走上政治舞台的。

一、运用手段，取得信任

安禄山(703—757)是混血胡人，年轻的时候，投奔到幽州节度使(管辖今北京市一带地区)张守珪部下当兵。安禄山对上司惯于溜须拍马，逢迎谄媚，就连“口蜜腹剑”的李林甫，也在唐玄宗面前说他的好话。唐玄宗听了，认为安禄山是个人才，提拔他当了平卢节度使。

三彩骆驼载乐俑

这个安禄山长得肥胖高大，外表上却装出一副憨厚老实的样子，看了误以为他缺少心计，对他不加防范，其实内心跟李林甫一样奸诈狡猾。有一次见皇太子，他故意不下拜行礼，左右的人都责备他。他却装成一副傻样子问皇帝："我是不识礼节的人，所以不知道太子是什么官。"玄宗说："我死了以后，就把皇位传给他。"安禄山仿佛恍然大悟似的说："我真是愚蠢，只知道有皇上，却不知有太子，真是该死!"这才给太子叩头。他装出一副诚恳的样子对玄宗说："我受到陛下您过多的恩宠，又没有什么特殊的才能回报，就希望在陛下您需要的时候代您去死吧!"由于他憨厚的样子，又伪装得特别像，竟然使玄宗感动不已。

安禄山也跟李林甫一样，收买后宫的太监和嫔妃，替他传递宫中的消息，并且让他们在皇帝面前说他的好话。玄宗越来越喜欢安禄山了，不时把他召到京城。李林甫看透了皇帝的心思，也开始拉拢安禄山。李林甫善于揣摸安禄山谈话的意思，安禄山心里想的话还没出口，李林甫就替他说出来了。安禄山越发折服，竟以李林甫为神。有一次安、李在中书省见面，天气很冷，李林甫把自己的袍子脱下来披在安禄山身上，安禄山对李林甫更是感激不尽，亲热地称之为"十郎"。安禄山在范阳，派使者去京师奏事，使者回来以后，安禄山首先便问："十郎怎么说?"如果

彩绘骑马击球陶俑

使者传达的是李林甫的好话，安禄山便大为高兴；如果使者说：“十郎要你好生察看。”安禄山便失望地用手拍床栏说：“我要死了！我要死了！”

安禄山是个大胖子，肚子特别大，走起路来蹒蹒跚跚，十分笨拙。但他在皇帝面前跳起《胡风舞》来，却是轻巧灵活。玄宗曾问他：“你肚子为什么这样大?”安禄山笑嘻嘻地回答：“因为装着一颗忠诚于皇帝的赤心啊!”玄宗在长安给安禄山建筑府第，派太监去监工，吩咐说：“好好地布置，安禄山眼孔大，别让他笑话我。”结果府第建设得富丽堂皇，其规模、设备超过了一些王府。

善于装傻的安禄山看到杨贵妃得宠，就又来了一次表演。有一天，杨贵妃坐在皇帝身边，安禄山进来后先去给杨贵妃行礼叩头，然后才朝拜皇帝。玄宗问他：“你为什么先拜娘娘?”安禄山回答说：“按胡人的风俗，只知有母，不知有父。”玄宗开玩笑说：“那么你方才是拜见母亲了。”安禄山趁机说：“如果娘娘愿意收我这个粗笨的儿子，我愿意终生孝顺。”杨贵妃觉得挺好玩，便欣然答应。玄宗也来凑趣，还要让贵妃给安禄山来个洗儿礼。三个夫人也来送小儿的小衣小帽，尽做姨娘的情分。于是大家嘻嘻哈哈，喧闹一场。接着玄宗就提升安禄山作御史大夫。可见，安禄山的心机是很深的。

二、积极准备，策划反叛

安禄山一直伪装得很好，欺蒙住玄宗，做了平卢、范阳、河东三镇节度使，把辽阔的北方领土，都置于他的管辖之下。安禄山暗中招兵买马，做夺取天下的准备。安禄山骗取了唐玄宗和李林甫的信任，开始秘密扩充兵力，他拥兵15万人，还大量招收少数民族的青年当兵，提拔了史思明、蔡希德等一批猛将，任用汉族士人高尚、严庄帮他出谋划策；又从边境各族的降兵中挑选了8000名壮士，组成一支精兵，囤积粮草，磨砺武器。天宝十四年(755)十一月初一，安禄山以讨伐奸相杨国忠为名，发兵15万，号称20万，在范阳举行反叛，向南进军，准备大举进攻中原地区，打到长安去，推翻唐朝，自己当皇帝。

从天宝年间以来，唐朝的统治已经腐朽不堪，军队毫无作战的准备，没有战斗力，加上这一带本来就是安禄山直接统治的地区，因此，当叛军来的时候，黄河以北24郡的文官武将，有的开城迎接叛军，有的弃城，有的被叛军擒杀，叛军没遇到什么抵抗，很快席卷了这一大片地区。叛军得逞的消息接二连三地传到

《从军行》图

长安，这时候，昏庸的唐玄宗才相信安禄山真的反叛了。他匆忙调兵遣将，增募军队，部署平定叛乱。可是，这临时拼凑起来的军队，仓促上阵，哪里是训练有素的叛军的对手？叛军打过黄河以后，向西、南、东三面继续攻城略地，一路势如破竹。在野蛮残暴、掠夺成性的安禄山的放纵下，叛军每到一个地方，奸淫掳掠、残害百姓、无恶不作，给人民来了深重的灾难，给社会造成了巨大的破坏。

叛军很快攻占了东都洛阳，直抵京城长安东边的大门——潼关。接着，安禄山在洛阳自称“大燕皇帝”，任命大臣，委派官吏，建立起一个割据政权。安禄山的叛乱使本来就岌岌可危的唐王朝统治更是走向了穷途末路。

三、潼关之战，改变政局

潼关是唐朝京城长安的门户，也是保护长安的最后一道防线，打开潼关的大门，唐王朝的命运就可能会为之改变。当时，防守潼关的是突厥人哥舒翰，他勇敢善战，长于用枪。安禄山的叛军逼近潼关时，唐玄宗想借助哥舒翰的威名把敌人吓走，就任命他做天下兵马副元帅，统兵 20 余万，抵御叛军。哥舒翰心里清楚地知道，这 20 多万唐军只不过是一群乌合之众，组织松弛，没有斗志，并不能真正打仗。因此，他采取以守为攻的稳当办法，挡住了敌人的几次进攻。屯驻在潼关外围陕郡(今河南陕县一带)的叛军将领叫崔乾祐，他看到哥舒翰坚守潼关，不轻易出战，就故意出动一些老弱病残的军队前去挑战，引诱唐军出击。

哥舒翰是个作战经验很丰富的统帅，自然不会上当。可是，唐玄宗得知这个情况以后，不顾哥舒翰和郭子仪、李光弼坚守潼关的建议，派使者接二连三地催促哥舒翰赶快进军，收复陕郡、洛阳等地，哥舒翰不敢违抗唐玄宗的旨意，无奈之中带病领兵出了潼关。在灵宝县西南，唐军果然中了叛军的埋伏。经过几场苦战，唐军惨败，哥舒翰带着剩下的几百人马退回潼关。崔乾祐指挥叛军紧紧追赶，在天宝十五年(756)六月把潼关攻占了，哥舒翰被抓，最后被叛军杀害了。潼关失守，京城长安暴露在叛军的面前，使唐王朝陷入了更加岌岌可危的局面。

点评：

“安史之乱”是唐王朝政治腐败和军事管理松懈的结果，它与前几次的政治斗争是截然不同的两种性质。以前是政治斗争，仅仅是皇族内部争权夺利的斗争，目的并不是为了推翻唐朝的统治，而这次斗争的矛头直接对准唐朝统治者，目的是要改朝换代。

晚年的唐玄宗已经失去了年轻时候敏锐的观察力和应对紧急情况的能力，安禄山正是在他一步步地放纵之下走向反叛道路的。在“安史之乱”发生之后，他已没有能力再挽回这一切，在潼关之战的决策中又一次显示了他晚年的昏庸。

“安史之乱”的发动者安禄山不是一个优秀的政治家，只是一个有野心的莽夫。他实行残暴的军事政策，激起了老百姓的极大愤怒，一场不得人心的战争最终虽然以失败而告终，但这次打击却把唐王朝从兴盛的顶端拽到了“死亡”的边缘。“安史之乱”留下的各种隐患导致了唐朝最终走向了覆灭的道路。

相关链接：

安禄山小传

安禄山是胡人出身，自小生活在营州柳城（今辽宁朝阳）。母亲阿史德，是突厥中的巫婆，相传她向战神轧荦山祈祷，神应而得子。因为母亲后来嫁给胡将军安延偃，安家在开元初（713）归顺了唐朝，才取名为安禄山。

他在30岁前一直混迹在边疆地区，只不过是一个不很安分的商人。30岁那年步入军旅，在不到4年的时间就做到平卢将军。天宝元年（742）正月初一，他刚刚40岁时，一跃成为驻守边疆的藩镇——安禄山家乡朝阳古城的最高军事统帅，平卢军节度使。在此后的十几年中，他飞黄腾达，在唐朝严格按照任职年限资格任职的体制下，创造了和平年代边疆军帅仕途腾达的神话。天宝十年（751）二月，也就是他49岁的时候，已是身兼三镇节度使，同时兼领平卢、河北转运使和管内度支、营田、采访处置使。从40岁到49岁，安禄山从一方节度使到身兼三镇节度使，荣耀君宠达到顶峰。这是在玄宗时期一个守边大将最为迅速的发迹之路。

马嵬驿兵变结束了倾国美女杨贵妃的生命，也让唐玄宗感到自己已无力再控制当前的局势。

第十五章　马嵬驿之变

潼关失守以后，长安城失去了屏障，老百姓惊恐慌乱，纷纷打点衣物，准备逃难。唐玄宗也是又怕又急，连忙召集大臣们商议对策。杨国忠提出逃向四川的主张，并亲自去找他那三个堂妹，让她们进宫去跟杨贵妃商量，玄宗终于耐不住他们的缠磨，同意去四川逃难。杨国忠秘密命令大将军陈玄礼，带领他的军队2500人前来护驾。杨国忠赏给将士们大量财物，等到黎明时分，悄悄打开皇宫西门。随玄宗同行的除贵妃和韩国、虢国、秦国夫人及杨国忠夫妻外，只有一些皇子、公主、皇孙、妃嫔和亲信大臣，其他的人还都蒙在鼓里呢!

玄宗一行在黎明之际路过一座仓库时，杨国忠要派人放火烧掉它，不留给叛军，玄宗不同意，他说：“叛贼找不到财物，必然向老百姓搜刮，还是把仓库的物品留下，使我的百姓少受暴敛之苦吧!”

皇帝走了，但百官并不知道。有的大臣还来上早朝，想听听朝廷有什么对策。走到宫门前，侍卫仍然整整齐齐地站着，守着皇宫的安全。突然门开了，一些宫女和太监从内蜂拥而出，一个个狂呼乱叫，说皇上已经走了，但谁也不知道去了哪里，来上朝的寥寥几位大臣也傻了，他们想不到皇上竟这样不负责任，只图自己一走了之，可长安城交给谁管呢？一时长安城居民区的 11 个坊也发生了骚乱，一些歹人乘乱打劫，而长安更多的居民则惶然不知所措。

玄宗一行人冒雨前行，十分缓慢。直到中午，才到达长安以西 40 里的咸阳。高力士曾派太监提前赶到，安排午饭。但到这时不但不见太监来接，连县令也跑掉了。杨国忠派人到市上买蒸饼，可市上的人大都逃难了，没有卖饭的。好在一些百姓听说皇上逃难经过，有的人就把自家吃的粗米饭拿来献给皇上。这些娇贵的皇族，平日

唐明皇幸蜀闻铃处

山珍海味都吃腻了，这时候用手把这些东西抓起来，你争我抢，狼吞虎咽，一会儿就吃得精光。

晚上在驿站里歇息，人多地方小，又没有灯，大家挤在一起，头挨头，脚碰脚，互相用身子当枕头。有些受不了苦的偷偷离开唐玄宗，各自寻找出路去了。

玄宗一行人走到第三天傍晚时分，来到一个叫马嵬驿的地方，这儿的驿站官员和老百姓也都逃得无影无踪了。玄宗等住进驿馆，随行官兵们在外露宿。将士们走了一天，又饿又累，一个个口吐怨言，就连将军陈玄礼也骂杨国忠这个罪魁祸首。那时正有几名吐蕃使者来京办事，路过这里遇到杨国忠，就在驿馆外面谈话。有个军士故意喊："杨国忠勾结吐蕃，想谋反啦!"士兵们齐声喊起来，有人向杨国忠射了一箭，杨国忠见势不妙，急忙逃跑。几个士兵追了过去，一刀把他砍死了，用枪尖挑着他的脑袋，走了出来，军士们大声喊好。有的士兵又去杀杨国忠的儿子，把韩国夫人、秦国夫人也杀了。御史大夫魏方进听见喧闹，从驿馆走出制止，士兵们杀红了眼，乱刀砍下，魏方进立刻倒在血泊之中。

士兵们的气还没消，他们围住驿馆，大喊大叫。玄宗拄一根拐杖走出来，问出了什么事。陈玄礼走过来说："杨国忠要谋反，将士们把他杀了。贵妃不应该再留在您身边，请您忍痛割爱，将她处死吧。"玄宗说："贵妃深居后宫，她哪里知道杨国忠谋反事情?"高力士在一旁说："贵妃当然没罪，但现在杨国忠已经死了，可贵妃却还留在陛下左右，将士们能放心吗?陛下好好考虑一下吧。"他又悄悄附在玄宗耳边说："当前，只有让士兵们安静下来，陛下才能够平安。"

在士兵们的叫嚷声中，玄宗倚着门框，苍白的胡须轻轻抖

虢国夫人游春图卷

动。他在想："难道贵妃真的没有过错吗?就是自己这个当皇帝的，难道对今天的事就没有责任?"他这才知道人们对杨家兄妹的积怨实在是太深了，今天，他尽管还是个皇帝，却已经无能为力……玄宗不再犹豫了，他无可奈何地对高力士说："这件事就由你去办吧!只是不要用刀剑。"高力士屈一膝跪下说："这个奴才晓得!"绝代美人杨玉环被高力士用丝带勒死在马嵬驿中，这年她38岁。

杨贵妃的三姐虢国夫人见事不妙，忙拉着嫂子——杨国忠的老婆和儿子、小侄儿隐藏在马嵬坡的草丛中。等士兵们走了以后，这四个人连夜向西逃跑。虢国夫人一行逃了几天，来到陈仓(今陕西宝鸡市)，在城外小饭店买饭吃。有人发现他们行踪可疑，便报告了县令薛景仙。薛县令带领役吏将已逃离小饭店的四人追上，弄清身份后，将虢国夫人杀死。

经过这场兵变，唐玄宗像惊弓之鸟一样，急急忙忙逃到成都去了。太子李亨被当地百姓挽留下来主持朝政。李亨从马嵬驿一路收拾残余的队伍，领着随从兵卒往西北逃到朔方，主持军事。马嵬驿事件不久，玄宗让位给太子李亨，自己当了太上皇。太子在灵武(今宁夏灵武西南)即位，这就是唐肃宗。

宝应元年(762)，太上皇李隆基病故，终年 78 岁，共当皇帝 44 年。

点评：

马嵬驿之变，表面上看是针对杨国忠这样的奸臣，实际上反映出了士兵对唐玄宗的不满。他在将士们的逼迫之下，下令处死了杨贵妃，从另一个侧面反映出了他自己的愧疚之意。

唐玄宗在杨氏家族的蛊惑之下，丢下长安城的老百姓，丢下文武百官，“私自”前往四川避难，让很多曾经追随他的人也很失望。在这种危机关头，他没有全力克敌，而是只顾自己的安危，当年的英勇神武之气已荡然无存。

回顾唐玄宗在位的一生，前期有姚崇等廉明的宰相扶持，取得了辉煌的成就，在姚崇等一大批老臣相继去世后，他逐渐失去了方向，开始任用李林甫、杨国忠这样的奸相，重用安禄山这样的野心家，使其统治越来越混乱。这些人权倾一时，朝野上下乌烟瘴气，很多忠臣被贬被杀。唐玄宗的朝廷成了“小人的乐园”和“忠臣的坟墓”，这也让他离政治清明越来越远。

唐玄宗是一个半明半昏、为了美人乱了江山的皇帝。

相关链接:

杨国忠小传

杨国忠，本名钊，唐蒲州永乐（今山西芮城）人。杨贵妃同曾祖兄（另一说同祖兄）。生年不详，卒于唐天宝十五载（756）六月。唐玄宗时的外戚和权臣，武则天时张易之的外甥，他少年时不学无术，嗜赌好酒。30岁时，他在四川从军，发愤努力，表现优异，但因节度使张宥看不上他，只任他为新都尉，任期满后，便投靠剑南节度使章仇兼琼。随后，杨玉环受宠，他靠着裙带关系一步步升迁。他善于窥测唐玄宗的好恶，深得其欢心，相继升为检查御史、御史中丞等。天宝十一年（752），李林甫死了，他被任命为宰相，兼吏部尚书。他依仗权势，排斥异己，阻挠下情上达，生活荒淫无度，对唐玄宗后期的腐败统治要负很大责任。

历史上评价他是一个祸国殃民的宰相，与奸相李林甫齐名。

他在玄宗面前与安禄山争宠，多次进言安禄山必反，安禄山本有野心，加上与杨国忠的敌对关系，终于在天宝十四年（755）以讨伐杨国忠为名发动叛乱。天宝十五年（756）杨国忠随唐玄宗前往成都避难，至马嵬驿被士兵杀死，结束了罪恶的一生。

安禄山、史思明有反动叛乱的实力，但他们却没有一统江山的本领！

第十六章 唐王朝平定叛乱

唐王朝经历“安史之乱”前期的打击之后，经过几年时间的休整，慢慢恢复，一些爱国的将领在这个时候得到重用，军队实力增强。加上叛军发动的是一场不得人心的战争，又在关键时刻发生内讧，给了唐王朝一个平定叛乱的有利时机。

一、大将李光弼

李光弼与唐朝著名的将领郭子仪起初都在朔方镇当将军。可是，他们二人都是才华横溢，彼此很不服气，有时候同在一张桌子上吃饭，只拿眼瞟一下对方，从来不说一句话，更不会互相敬酒，好像有什么深仇大恨。安禄山叛乱不久，唐玄宗提升郭子仪当了朔方节度使，成了李光弼的顶头上司。李光弼担心郭子仪报复，曾经想到别的军镇去谋职。后来史思明在河北攻城略地的时候，朝廷要郭子仪挑选一位能干的大将去平定河北，郭子仪推荐李光弼，李光弼非常生气，认为郭子仪这是在借刀杀人。但是，朝廷的命令只能服从，何况平叛逆贼本来就是自己的责任和心愿，所以他毫不犹豫地接受了任命。临走的时候，李光弼硬着头皮对郭子仪说："我死固然甘心，只请求能保住我的妻子儿女!"郭子仪赶紧抱住李光弼，流着眼泪对他说："李将军多虑了，现在国家大乱，叛贼猖獗，需要我们同心讨伐。平定河北，非将军您这样能干的人才行啊!哪还计较什么私愤呢?"李光弼听了非常感动，两人相互拜了一拜。郭子仪从自己的帐下分了一万人马给李光弼，并亲自送他出征。不久，郭子仪也到了河北与他汇合。两人同心协力，共同对付史思明的叛军。

李光弼像

（一）李光弼"小试牛刀"

叛军首领统率大队兵马进攻洛阳。李光弼这时也率领人马开到了黄河北岸的河阳，保卫洛阳的外围。史思明驻扎在河阳南岸，让手下一名勇猛的将领刘龙仙前去挑战。刘龙仙仗着自己的本领，根本不把唐军放在眼里。他身骑烈马，右脚放在马颈上，谩骂李光弼是个孬种。李光弼问部将们：“哪个去收拾这个狂徒?”有一名大将要求上阵。李光弼说：“对付他这样的泼皮无赖用不着大将前去对阵。”旁边的一个人说：“偏将白孝德可以去。”李光弼问白孝德需要带多少兵。白孝德说：“我一个人前去就行了。”李光弼说：“你的勇气很可嘉，不过还是带些兵去的好。”白孝德说：“那就选 50 名骑兵做后援，再请大军擂鼓助威吧！”白孝德挟着长枪，骑马涉水渡河冲了过去。刘龙仙见一唐将单枪匹马地走过河来，也催马上前，准备宰了他。白孝德摆手示意，刘龙仙瞧这人不像是来厮杀的，就在河边停下来。看到白孝德走上岸边，不等他开口，就骂起来。没想到白孝德突然瞪起双眼，厉声问道：“你认识我吗?”“谁认识你这个无名小辈!”“我就是白孝德爷爷!”“什么猪狗东西!”白孝德听罢大吼一声，突然持枪跃马猛冲上去。这时候唐军 50 名骑兵也已经冲过河来，一时间鼓角齐鸣，喊声震天。刘龙仙一看形势不妙，掉转马头往回跑去，白孝德哪里肯依，纵马追上去就是一枪，刘龙仙应声倒地，白孝德一刀把他的脑袋砍了下来，挂在马鞍上，唐军欢声震天。叛军见了，吓得胆战心惊，不敢再战，收兵回城，紧闭大门。

李光弼发现自己的战马不如叛军多，在战场上有些吃亏，但一时又调不来足够的战马供自己使用，他灵机一动，生出一条妙计。

有一天，他叫士兵把军中的 500 匹母马的马驹集中起来，等史思明放马洗澡的时候，就把马驹拴在城内，把母马都赶出城外。母马一离开马驹，就嘶鸣起来。史思明那一千多匹良马听到马群的叫声，就都浮水泅过河来，马夫们拉也拉不住。唐军把它们赶到城里，白赚了一千多匹好马。史思明气急败坏却没有任何办法，发誓说一定要亲手宰了李光弼。

（二）视死如归克强敌

后来在一次战斗中，唐军据守在羊马城，史思明自己率领一部分精兵攻南城，派周挚攻北城。李光弼上城观察了敌阵，他问："敌军的阵势哪面最强大？"身边的将领回答说西北角。李光弼派部将郝廷玉带领300名骑兵去抵抗。又问敌军还有哪面比较强大，将领又回答说东南角。李光弼又派部将沧惟贞带领200名骑兵去抵抗。然后，李光弼对所有的部将说："你们进攻的时候要看帅旗，旗子晃动慢，你们自己选择有利的地方出战；要是旗子三次急速倒地，你们就一齐杀上前去，不能怕死。有谁稍微后退，当场处决!"接着他拿出一把短刀插在自己靴筒里，对大家说："战场瞬息万变，我是国家的'三公'(最高的官位)，死在敌人手里有辱朝廷的荣誉。万一战斗失利，你们各位在前头战死，我就用这短刀自刎，和你们一道为国捐躯!"将士们听了都很感动，人人抱着必胜的决心。

郝廷玉、沧惟贞和其他部将一齐出战。不多一会儿，郝廷玉骑着马往回跑。李光弼看见大吃一惊，心想：郝廷玉如果退回来，胜利就没希望啦!传令："把郝廷玉斩首报来!"郝廷玉忙说："是马中了箭，不是后退!"然后他换了匹马又重新投入战斗。另一部将仆固玚少许后退了些，李光弼命传令使斩他的头来见。仆固玚看使者骑马提刀跑了过来，就赶紧又杀上前去。李光弼命令旗手把帅旗倒地三次，众将一见，指挥军队不顾死活地向前拼杀，呼声震天动地。叛军被唐军气势吓倒，一下子就崩溃了，被唐军杀死1000多人，俘虏500人，被水淹死1000多人，还有两名大将被活捉，只有主将周挚带领几名骑兵逃走了。

二、叛军内讧，加速瓦解

在这期间，叛军内部出现了混乱。在玄宗逃离长安以后，安禄山派他的大将孙孝哲领兵开进长安，开始了烧杀抢掠，对向他投降的唐朝大臣，都封地封官。一时间，安禄山的气焰十分嚣张，加上在军事上取得的进展，形成了一支强大的割据势力。被胜利冲昏头脑的他开始了穷奢极欲的生活，他的性情越来越暴躁，对伺候他的人稍微感到不合意，就用鞭子抽打或者杀死。

安禄山的大儿子叫安庆绪，照规矩将来应当由他来继承安禄山的“皇位”。可是安禄山嫌他窝囊，想传位给最宠爱的儿子安庆恩。这一来，安庆绪时常害怕安禄山会处死他，但一时又想不出保全自己的办法。

三彩镇墓兽

至德二年(757)正月的一个晚上，安庆绪和谋臣严庄合谋，乘安禄山睡觉之时，结束了这个“小丑”

的性命。第二天一早，严庄就公开宣布：安禄山暴病身亡，由安庆绪即皇帝位。这一年，唐肃宗任命他的儿子李俶为元帅，郭子仪为副元帅，率领唐军以及从回纥等地借来的军队共 15 万人，发动反攻，收复了长安，进军到洛阳。安庆绪逃到邺城(今河南安阳)。60 万唐军从各路集结，开到邺城附近地区，对邺城形成包围的态势。

安庆绪领兵出战，被郭子仪等连连击败。他只得回城坚守，并派人到范阳向史思明求救。史思明大军抵达邺城，解了安庆绪之围，引狼入室的安庆绪对史思明感激不尽。但没想到史思明乘机杀死了安庆绪和他的几个大将大臣，还把他的土地和军队兼并过来，自称“大燕皇帝”。

史朝义是史思明的大儿子，从小跟随史思明用兵打仗，为人圆滑，善笼络人心，所以得到许多将士的拥护。可是史思明不喜欢他，想立小儿为“太子”，并且常常漏出风声，想杀掉史朝义。史朝义听说以后，时刻提心吊胆，慢慢也就起了谋反之心，觉得还是自己先下手为强。唐上元三年（761)，史思明领兵攻占了洛阳。接着他派史朝义做先锋，继续进犯。史朝义在西征中吃了几次败仗，史思明非常生气，恨恨地说：“等攻下了陕州，我一定要杀了这个无能的小子!”一天晚上，史思明驻扎在一个叫轿驿的地方，命心腹曹将军带兵警卫。想不到，史朝义早已买通了曹将军，他们闯进驿馆，将史思明抓起来，随后把他绞死了。史朝义继承了帝位。但他害怕有人不服，就又派亲兵到范阳将史思明的小儿子史朝清和史朝清的几十个亲信都杀了。虽然这样，那些反对史朝义的势力并不肯善罢甘休，他们跟拥护史朝义的势力又打了起来，两派你争我夺，斗了几个月，双方死了几千人。最后史朝义虽然稳定了大局，但经过这段时间的内讧，叛军的实力大大减弱，也越来越不得人心了。

三、洛阳决战定乾坤

“安史内讧”之后，唐朝军队抓住这个机会，派兵进攻史朝义。史朝义眼看唐军节节胜利，一步步逼近洛阳，无奈之中只好把他的数万精兵全部调出，在洛阳城郊摆下了阵势，与唐军决战。唐军几次冲击，都没有成功。镇西节度使马璘决定亲自出击，突破敌阵。他独自一个人驰上前去，犹如猛虎下山，左冲右突，东砍西杀，把敌人杀得东倒西歪，终于把敌阵冲开一个缺口，唐军大队人马跟着奔腾而下，像山洪一样席卷了过去，把叛军杀得哭爹喊娘，狼狈不堪，争先恐后地逃命。唐军收复了洛

千寻塔中出土的三层小金塔与各层造型

阳，史朝义带着剩下的几百名骑兵逃回了叛军的老窝范阳。留守范阳的叛军将领和范阳籍士兵，逐渐得也向朝廷投降。最后，史朝义身边只剩下几名骑兵，他带了这几名骑兵，想往北逃到奚和契丹的部落去。唐军穷追不舍，史朝义最终走投无路，在一个叫温泉栅的树林中，自己上吊自杀。唐军把他的脑袋割下来，送到长安。

混战将近8年的安史之乱，最终以唐王朝的胜利而告终。

点评：

"安史之乱"经过8年时间终于被平定。

叛乱虽然平定了，可是，安禄山、史思明带头搞起来的分裂、割据势力，不但没有消灭，反而恶性膨胀起来。在后期消灭叛军的过程中，很多新的割据势力又冒出来，在唐王朝的统治中，又一次埋下了隐患。在以后的100多年中，唐王朝一直受这种势力的扰乱和破坏，没有办法摆脱。

唐王朝的另一个大的隐患就是宦官当权，这是唐朝后期急需解决而迟迟解决不了的问题，争权夺利成了当时政治生活的主题。

这两大问题一直困扰着唐王朝以后的统治者，政治的混乱给老百姓带来极大的痛苦和灾难。在这种情况下，又一次战争——农民起义爆发了，这都是后话。但从中就可以看出"安史之乱"虽然平定了，但它所带来的负面影响将长期困扰唐王朝的统治。

相关链接：

李光弼小传

李光弼（708~764）唐朝著名将领，柳城（今辽宁朝阳）人，契丹族。自幼好学，善骑射，初任右卫郎，官至太尉兼侍中、天下兵马副元帅，被封临淮郡王。唐天宝十五年（756）初，他经郭子仪推荐为河东节度副使，率兵东出井陉（今河北井陉西北），参与平定安史之乱，在河北击败史思明。

至德二年（757），史思明、蔡希德等率兵10万进攻北都太原（今太原西南）时，北都留守李光弼以不满万人之兵力，大败蔡希德，歼其部众7万，守太原五十余日，击退史、蔡等军，扭转战局。

乾元二年（759）七月，李光弼任天下兵马副元帅。史思明突然渡河，攻打汴州（今开封），直逼洛阳，李光弼因兵力悬殊，丢弃洛阳，在地势险要的河阳（今河南孟州南）驻守，威胁叛军侧翼，使其不敢西进。随后伺机出战，挫败了叛军对河阳三城的进攻，歼敌2万。

上元二年（761），朝廷强令李光弼收复洛阳，他不得已而出兵，当时叛军尚锐，加之大将仆固怀恩违反节度令，因而兵败邙山（今洛阳北）。

宝应元年（762），李光弼出镇徐州，进封临淮王。曾参与镇压浙东袁晁起义军。

广德二年（764），因惧宦官程元振陷害，他不肯入朝，卒于徐州。

打仗不在兵多，在将谋；克敌不在将广，在帅勇。

第十七章　郭子仪威名退强敌

安禄山起兵反唐，率20万大军从范阳出发，虎视中原，破洛阳，闯潼关，把唐玄宗李隆基赶上了入蜀的道路，也终结了他的统治。正在大唐江山飘摇欲坠的时候，从唐王朝的军营之中走出了一位扭转乾坤的大将军，他顶着叛军凌厉的攻势，收复了一片片沦陷的土地。在收复旧都长安战役开始之前，唐玄宗之子肃宗充满期待之情地对他说："朝廷兴衰成败，就在此一战了，朕将一家老小的性命就托付给你了。"他慷慨表示："此战不胜，臣提头来见!"这位大将就是郭子仪。

郭子仪(679—781)是唐代中叶的著名将领。唐天元年间他以武举登第。天宝十三年(754)任天德军(今属内蒙)使，兼九原(今内蒙古包头市北)太守与朔方(今陕西北部)节度兵马使。天宝十四年(755)十一月安禄山在范阳(今河北涿州)起兵反唐，玄宗以郭子仪为卫尉卿，兼灵武(今宁夏灵武南)郡军太守，担任朔方节度使，诏命率本部军马东讨安史叛军，很快收复云中马邑(今山西朔州)、东陉(今河北属地)等十余郡，随后被加封为御史大夫。郭子仪为平定安史之乱立下了大功。安史叛军第一次占领洛阳和长安以后，是郭子仪领兵收复了这两座城池。可是后来在邺郡城围攻安庆绪的战役中，由于天公不作美，刮起大风，几十万唐军溃散，战斗因此失利。唐肃宗听信谗言，降罪于郭子仪，罢免了他的职务。郭子仪只好在家闲着，并且把自己的亲信兵将也遣散了。

郭子仪像

代宗李豫(原名李俶)从他父亲肃宗手中接过大唐江山之后，唐朝已经转为衰败之国，周围一些小国开始窥视中原这块宝地。唐王朝当时已经走上衰退的道路，仅以人口上的减少就足以说明这个问题：天宝年间，全国有 900 多万户，到代宗广德二年（764)，全国仅剩 290 多万户，减少了约三分之二。

代宗广德元年(763)，由吐蕃等少数民族组成的20万大军进攻唐大震关(今陕西陇县以西)，边关告急，而把持朝政的宦官程元振竟不向皇上禀报。入侵大军攻破大震关，一路深入内地。随后，泾州(今陕西泾川)刺史高晖也投降吐蕃，为他们当向导，加快了少数民族联军的进攻速度。一路长驱直入，逼近京都长安。

代宗皇帝得到消息时，入侵大军早已深入内地，朝中又一时找不到可以退敌的强将，这时有人建议起用被宦官程元振和鱼朝恩进谗言解职在家的郭子仪，并认为只有他能解长安之困。郭子仪不计前嫌，爽快地接受了朝廷的职务，并且说："天下有难，匹夫有责，更何况我乃前朝老将呢？"代宗任命他为副元帅，组织抵抗，又命令各镇节度使到京师救助。各镇节度使接到命令，都按兵不动。唐朝后期看似全国统一，其实很多兵马已经调遣不动，只要这些节度使不造反闹事就是唐王朝的万幸了。

老将郭子仪奉诏上任，但朝廷却没有给他任何兵马，他没有因此退却，而是利用往日的威名积极召集将士，先找了20多名旧部下，这20多人又到处招兵买马。各州县官府闻听郭子仪复出带兵，都感觉有了主心骨，纷纷赶来。一战成名的前朝名将节度使白孝德也在判官段秀实的说服下，起兵抗敌，短短的时间，郭子仪便组织起一支大军。

以吐蕃为首的各族入侵联军，听说郭子仪为帅带兵抗击，吓得连忙放弃长安，退回青海去了。这次长安之危，仅凭借郭子仪的威名便得到解除，使皇帝和大臣们更加认识到郭子仪的非凡价值。

广德二年(764)，大将仆固怀恩对朝廷愤恨，他曾经领兵讨伐过史朝义的叛乱，仗着自己立过大功，不听朝廷的调遣。唐代宗永泰元年(765)，他招集吐蕃和回纥军队一共好几万人作乱，没想到半路上就病死了，这两支少数民族的军队把长安北面的泾阳包围了起来，下一步准备进攻长安。在这个危急时刻，代宗自然又派老将郭子仪为帅，带兵抗敌。

郭子仪率军驻在泾阳(在长安以北)抗敌，当时他仅有 1 万兵马，而联军有 10 万多兵马。吐蕃与回纥分驻两座大营，将泾阳城包围。

郭子仪分析，以自己区区 1 万人去与 10 万人斗，就算是全军覆没，也难以取胜。在这种情况下，硬拼是下下策，动之以情，晓之以理，劝他们退兵才是此时的良策。于是，他派副将李光瓒出城到回纥营中，对回纥大帅药葛罗说：“我家主帅郭令公派我来见大帅，让我转告大帅，请不要忘记当年并肩战斗的情谊，早日退兵为好。”药葛罗大帅说：“郭元帅早就去世了，你以为我不知道吗?休想骗我!”李光瓒说：“我指天发誓，郭令公

郭子仪说服回纥反戈图

仍健在，绝不敢骗你。”药葛罗还是不信，说：“如果郭元帅还健在，能够让他跟我见一面吗?”“这个……”李光瓒不知该如何回答，表示回去请示后再予以答复。

李光瓒回来后，如实向郭子仪报告。郭子仪召集将领们商议对策。诸将怕其中有诈，而他却说：“现在敌我力量悬殊，硬拼肯定吃亏。凭我当年与回纥的交情，去见见药葛罗也无妨。假如回纥退兵，剩下吐蕃就容易对付了。”

诸将想不出别的办法，就建议郭子仪率500骑兵跟随护卫以防不测。郭子仪不同意这种做法，说：“敌人10万大军，我带500骑兵又有什么用?如真有不测，这500骑兵不过是杯水车薪啊！只带几名随从就足够了。”

郭子仪虽然当时年事已高，但依然威武，他跨上战马，让大家不要担心，如果天黑之前没有回来，就不用等了。正在这时，他儿子兵马使郭晞闻讯前来，拽住马缰阻止道：“父亲大人，回纥军队如虎狼之师，您作为国家元帅，岂能冒生死之危深入虎狼之中?”郭子仪骑在马背上指责道：“如果两军交战，我们父子俩都会战死。我们战死不足惜，可身后就是京都长安，那时国家也就危险了。我去见药葛罗，以理服他，或许能转危为安。只有如此，才是天下百姓之福啊!”

郭晞见父亲如此坚决，无言以对，只得眼睁睁看着父亲在5名骑兵陪同下向敌营走去。

郭子仪大义凛然地骑着马走进回纥大营，哨兵以为是普通的送信使者，并未在意。这时，郭子仪身边一随从大喊：“大唐元帅郭令公来啦!”哨兵闻听，惊恐万分，急忙报告主帅。

大帅药葛罗拿着弓箭，带领酋长们骑马在营前列队迎候，只见唐军来了6骑，下了马，扔掉兵器，徒步而来，为首的银发白须者，就是69岁的老将军郭子仪。

药葛罗一眼认出郭子仪，惊喜地对众将军说：“果然是郭元帅来啦!”于是带头跳下马叩拜。

郭子仪执著药葛罗的手，首先问候回纥可汗身体可好，然后指责道：“回纥以往对唐有大功，唐对回纥也有厚报。可如今为何要负盟入侵呢?助叛臣造反，实在不是明智之举。我挺身而来，就交由你处置了。”

药葛罗忙解释说：“都怪仆固怀恩骗我，他说唐朝皇帝已经晏驾，令公也被害死，我才同意来。现在听说皇上还在长安，又亲眼见到令公，才知道上了当。仆固怀恩已经病死，也算天诛，我哪能再与令公交战呢?”

郭子仪听罢，暗暗高兴，觉得退兵有望，又说：“吐蕃不顾前朝之亲(即文成公主嫁松赞干布，金城公主嫁尺带珠丹)，蚕食大唐边境，烧杀抢掠。现在他们抢去的财物用车都装不下，抢去的牛羊满山遍野。如果你能帮助打败吐蕃，这些财物、牛羊全归你们了，请不要错过这个机会。”药葛罗欣然应允，说：“我受仆固怀恩之骗，已经对不住令公。今天我一定助令公击退吐蕃以谢罪。”药葛罗让部下拿出酒，众将陪着郭子仪举杯共饮。郭子仪几杯酒下肚，发了毒誓：“有负此约者，身亡阵前，家族绝灭!”药葛罗也重复一遍郭子仪说过的誓言，于是众人齐声欢呼，气氛热烈而友好。药葛罗当即决定，派酋长石耶奈等6人到长安朝见代宗皇帝，以示友好。

吐蕃统帅得到回纥与唐军和好要共同对付吐蕃的消息后，慌忙连夜撤退。就这样，郭子仪仅凭一张嘴，又一次说退了10万大军。

郭子仪并未就此罢休，而是派大将白元光率领骑兵配合回纥药葛罗大军追击吐蕃军，追到灵台西原一带，双方展开激战，歼灭吐蕃1万余人，夺回吐蕃掠去的唐朝子民，接着在泾州又打了一仗，吐蕃再败，退至边境以外。

仆固怀恩的部队也参与了吐蕃的入侵。仆固怀恩原为郭子仪旧部，他现在已死，其部下听说老将军郭子仪又带兵当元帅了，都纷纷来投。就这样，一次万分危急的内外勾结入侵，被郭子仪平息下去。

德宗即位后，赐郭子仪号尚父。建中二年(781)六月郭子仪去世，享年85岁。为了纪念这位功臣，德宗特下令加高郭子仪的坟墓，谥号“忠武”，和代宗之灵共同祭祀。郭子仪的一生，为了唐朝社稷，真可谓是“鞠躬尽瘁，死而后已”。

点评：

在唐王朝的历史上，涌现出了很多著名将领，也正是这些著名将领一次次化解了唐朝的危机，其中最著名的莫过于中唐时期的郭子仪。

在民间，关于郭子仪的传说很多，说他是唐王朝的“救命将军”、“单骑将军”等等，从而也反映出了人们对他的评价很高。他在平定“安史之乱”时立下大功，并且是其中决定胜负的主要将领，几次重要的战役几乎全是他一手指挥的。后来遭宦官陷害，告老还乡。

郭子仪不单单是一个著名将领，在当时的各方军队，对他的威名早已万分敬仰，甚至可以说，他的名气就是唐王朝这两次克敌的制胜法宝。

在当时藩镇割据的大形势下，郭子仪比任何一个节度使都有实力和能力，可以独霸一方。在退却强敌之后，他没有像其他立了战功的将领那样，向朝廷要兵要地，而是从此不问政事，显示出他的一腔忠义之情。

相关链接：

郭子仪小传

郭子仪（697~781），中唐著名将领，唐代华州郑县（今陕西华县）人。郭子仪出生于中层官吏家庭，天宝初年通过武举考试走上政治舞台。天宝八年（749），为横塞野军使，天宝十三年（754），为天德军（今内蒙乌拉特前旗北）使兼九原（今内蒙乌拉特前旗西）太守与朔方节度使右兵马使。

天宝十四年（755），在唐平安史之乱中，任朔方节度使，由灵武（今宁夏灵武西南）东征，出单于府（今内蒙古和林格尔西北）攻取静边军（今山西右玉），进围云中（今大同），攻克马邑（今朔州），升东陉关（今代县东北）。天宝十五年（756），率兵应援河东节度副使李光弼,由井陉（今属河北）进入河北，至常山（今正定）与李光弼合兵十余万，连败安禄山同党史思明于九门（今藁城西北）、沙河（今大沙河流经新乐、行唐附近河段）等地。进至恒阳（今曲阳），采取深沟高垒，敌来则守，敌去则追，昼扬兵、夜袭营的战法，使史军疲惫后出战恒阳东嘉山，大败史思明及其援军，俘斩 4 万余人，收复河北十余郡，切断安史判军后方交通，牵制其西进，使河北战局出现转机。他是扭转当时战局的重要人物，在几次最危难的时刻改变了唐朝的命运。

郭子仪很有政治主见，曾提出削减冗官、选贤任能和轻徭薄赋的主张，并注意与少数民族修好,善待回纥，以取得其对唐的支持。在唐朝末年，正是由于回纥的帮助才得以平定黄巢带领的农民起义。他历事四朝，勤于职守，对巩固唐朝封建统治起到了重要的作用。

封建社会历史上的政治革新总是显得有气无力，不是胎死腹中，就是中途夭折。

第十八章　永贞革新

唐玄宗以后，是肃宗、代宗、德宗三个皇帝相继统治。唐玄宗统治44年间，前期出现了“开元之治”，后期发生了“安史之乱”，从这个过程来看，他算是个半明半昏的皇帝。以后的肃宗、代宗、德宗则一个比一个昏庸，国家越来越衰落了。

贞元二十一年(805)正月，德宗皇帝李适病死，太子李诵即位，就是唐顺宗，改年号为永贞。李诵是唐德宗的长子，他为人宽厚，尊重师傅，见了老师总是先行礼。他还爱好文艺，喜欢吟诗写字，棋下得不错。王叔文、王　是他的近侍，虽然官位不高，但思想却很先进，经常给他讲一些民间疾苦的事，对当时朝廷内外的一些弊端也评论得头头是道。顺宗本是一个想要有一番作为的人，他对唐王朝当时的统治也很不满意，看到二王有如此好的改革方案，就对他俩十分器重。唐顺宗登基的第一件事就是把王叔文和王伾提为翰林学士，让他们革新朝政。顺宗本想封“二王”当宰相，但考虑他们以前的官阶太低，一下子升那么高，容易让别人不服，所以让他们当翰林学士，而让声望较高的韦执谊当宰相。

王叔文等得到新皇帝的信任，便把志同道合的好朋友柳宗元、刘禹锡、韩泰、程异、陈谏、凌准等安排了重要职位，以便实行他们的革新计划。王叔文等人多是中下级官员，对当时腐朽黑暗的局面看得比较清楚，想在政治上进行一番改革。君臣之间有了共同的愿望，革新派的手中又有权力，因此，他们就大刀阔斧地干了起来。

他们首先解决的是宦官当权的问题。他们取消了“宫市”，不准太监们自己到外边买东西。把“五坊”也解散了，让那些横行街市的“五坊小儿”统统到宫中当杂役。又把久闭深宫的宫女和教坊女妓六百余人释放回家。他们还通过唐顺宗发布命令，废除百姓积欠官府的一部分租税，停止地方官的进奉，降低盐价。单这几项，就大大减轻了老百姓的负担，很得民心。

对于贪官污吏，革新派严加惩治。京兆尹李实是个搜刮民脂民膏的能手。他原先在外地做官的时候，就因为克扣军饷，引起军士们的愤怒，军士们打算刺杀他，他吓得连夜从城墙上用绳子逃走，后来他当了京兆尹，在天子脚下也没有丝毫收敛，而是更加放肆地聚敛财富。有一年，他不管天旱歉收，依然逼迫老百姓交粮纳税，穷苦的长安市民被迫拆掉房子，卖掉砖瓦木料，穷苦的农民被迫卖掉青苗(还没有成熟的庄稼)凑钱交纳赋税，到处一片惨状。李实把不择手段搜刮来的昧心钱，拿出一部分进奉给唐顺宗，其余大部分都装进了他自己的钱袋。他足足聚敛了 30 万贯钱的财富!李实在朝中的关系错综复杂，以前也有很多正直的官员想要处置他，但都被他在朝中的力量所阻挠，但王叔文却顶住压力果断地宣布了他的贪污罪行，把他贬到外地去了。长安市民听到这个消息，无不拍手称快，许多人揣着砖瓦石块，准备在半路上拦截他，痛打一顿以消心中恶气。李实听说后，不敢等到第二天，当天晚上就偷偷地从长安逃走了。

对藩镇割据和宦官专权，革新派采取的措施是先限制其权力，然后再削弱其势力。但这些节度使也不会坐以待毙，他们也在想办法自保。剑南四川节度使韦皋派刘辟到长安，对王叔文进行威胁利诱，想要完全控制四川地方，来扩大割据的地盘。王叔文拒绝了韦皋的要求，并下令要杀刘辟，刘辟吓得狼狈地逃回了四川。王叔文选拔老将范希朝统率禁军，并且担任京城以西各城镇行营的节度使，派韩泰为行军司马，接管宦官的兵权。可惜当时宦官的权力已经很大，渗透到了朝廷的各个角落，一条利国利民的重要措施被宦官们暗中破坏了，最终也没能实现。

王叔文等人知道，要想使革新有保障，就必须有军队作后盾。那时长安防务是由神策军负责的。神策军的总部设在奉天，称为神策军西行营，由宦官杨志廉、孙荣义分任左、右中尉。王叔文建议顺宗派宿将范希朝为神策军京西兵马节度使，派韩泰作副使，想使军队脱离宦官统辖。宦官头儿俱文珍知道革新派要夺他们的兵权，吩咐神策军的将领拒绝服从朝令。待到范希朝和韩泰来到奉天行营召见诸将时，将领们竟然没有一个来报道的。范、韩只好回去告诉王叔文，在这种情况下，王叔文也无可奈何。

宦官们已经意识到革新将带给他们的危险，便去跟那些看不起王叔文的大官僚黄裳、袁兹等人联合，共同来对付革新派。革新派推行的一些政策涉及到很多守旧派的利益，所以很快他们就结成了同盟，在朝廷上为难革新力量。正在这个关键时刻，顺宗患了风疾，说不出话来；而王叔文因为母亲去世，回去奔丧；王伾也在这时患了中风。至此，革新派失去了中坚力量。宦官们在当年七月，逼迫顺宗让太子李纯代理朝政。八月，下诏让位太子，李诵做太上皇。下一年正月，顺宗便去世，这位46岁的皇帝在位仅仅8个月。

李纯是顺宗的长子，史书上称为“宪宗”。他是在太监和官僚的拥护下当上皇帝的，还没等正式登基便下令贬王伾为开州司马，王叔文为渝州司户。王伾是病着勉强挣扎着到了贬所，不久便死了。过了一年，宦官们对王叔文不放心，又让宪宗下一道诏书，在渝州把王叔文杀害了。

柳宗元、刘禹锡、韦执谊等8人，原先是贬谪为边远州郡刺史，还没到任，就再贬为州司马。一场轰轰烈烈的革新运动，只进行了146天，就昙花一现地夭折了。这一事件，因为发生在唐顺宗永贞年间，所以历史上称为“永贞革新”，又因为王　、王叔文2人姓王，另8人被贬为司马，所以这件事又叫“二王八司马”事件。

点评：

永贞革新是唐王朝在政治上的最后一次挣扎，虽然得到了皇帝的支持，但最终也没有成功。这一点足以说明唐王朝的积弊有多深了。

唐顺宗是一个什么样的皇帝我们不好评论，因为他在位只有8个月。但从他8个月的所作所为来看，他的确是一个想要有一番建树的人。他重用更了解民情的下级官员来实施这次政治改革的思路是正确的，但他却疏忽了一点，这些下级官员缺少深厚的政治背景，没有足够的政治功绩，也就缺少足够的威望。这就注定他们的革新缺少力量，最终要走向失败。

每一次革新都是一次新旧势力的较量，但往往革新势力要比保守势力弱很多。在这种情况之下，应该采取有效的办法，团结大多数力量，打击破坏力最大的一小部分，例如宦官专权。而这次的革新派打击范围太大，急于一步求成，也是他们这次失败的另一个重要原因。

无论如何，这也是唐王朝在最岌岌可危的时候所做的一种努力，虽然他最后以失败而告终，但他们勇于革新的勇气和精神令人钦佩。

相关链接：

刘禹锡小传

刘禹锡 (772~842)，唐文学家、哲学家。字梦得，洛阳 (今属河南) 人，自称是汉代中山靖王刘胜的后裔，因此也算河北中山人。

刘禹锡贞元年间进士，博学多才。担任过监察御史，与柳宗元一起参与王叔文发起的政治革新运动，反对宦官和藩镇割据势力。“永贞革新”失败后，被贬朗州司马，后迁连州、夔州、和州等刺史。因裴度力荐，为礼部郎中。大和间还朝，又任太子宾客，加检校礼部尚书，出为苏州刺史，世称“刘宾客”。

刘禹锡与柳宗元交谊很深，人称“刘柳”，晚年与白居易关系甚密，也并称“刘白”。其诗优美清新，善用比兴手法寄托政治内容，并努力向民歌学习，创作出不少具有民歌风格的作品。如

《竹枝词》、《踏歌词》、《杨柳枝词》等，均为唐诗别开生面之作。其怀古作品如《西塞山怀古》、《乌衣巷》、《石头城》诸篇，也都是历来为人传诵不衰的名篇。

刘禹锡重要哲学著作《天论》三篇，提出“天与人交相胜”、“还相用”等学说。认为自然的职能在于“生万物”，人的职能在于“治万物”，驳斥了当时的“因果报应”论和“天人感应”说。还提出任何事物都不能“逃乎数而越乎势”的观点。

刘禹锡是唐朝著名的大诗人，他的《陋室铭》流传千古，被后人改编为很多版本。

柳宗元小传

柳宗元（773~819），唐革新派主要力量、著名诗人。字子厚，唐河东解县（今山西运城西南）人，世人又称为“柳河东”。

贞元九年（793），进士及第。十四年（798），登博学鸿辞科，授集贤殿正字，十九年（803），自蓝田尉拜监察御史。贞元二十一年（805）正月，擢为礼部员外郎，协助王叔文等力革弊政，为宦官、藩镇及守旧派朝臣所反对。八月，顺宗内禅，宪宗即位，改元和。翌月，贬宗元为邵州刺史，未到任，于十一月再贬永州司马。同日遭贬者尚有同政见者韩泰、韩晔、刘禹锡等人，史称“八司马”。元和十年（815）三月，又出为柳州刺史。能因俗施教，当官期间做了很多对老百姓有益的事情。元和十四年（819）十一月八日，柳宗元卒于任所，民为立祀。

柳宗元为唐代古文大家，与韩愈齐名，世称“韩柳”。柳宗元著述甚丰。著作如《天说》、《非国语》、《断刑论》、《贞符》等，均具有朴素唯物论倾向。主张儒佛融合，文学上提倡文以明道，主张为文当“有益于世”，反对“贵辞而矜书，粉泽以为工，道密以为能”等片面追求形式美的做文倾向。其所作大抵可分为论说、寓言、传记、游记、骚赋五类。散文创作以山水游记著名，如《永州八记》。也有揭露、讽刺时弊之作，如《捕蛇者说》、《三戒》等。

他在文学上的成就大大超过他的政治成就。他的诗作高旷深隽，与韩愈共同倡导古文运动，被后世列入唐宋八大家。

藩镇割据就像是唐王朝后期统治的一个重磅炸弹，不消除这个隐患，下一个“安史之乱”随时都可能发生。

第十九章　平定藩镇割据

“安史之乱”期间和以后，原来只在边境设立的节度使随之在内地也迅速增加，并且有一些节度使乘机扩充势力，在叛乱中积蓄自己的力量，平定叛乱之后，就各据一方，表面上听从朝廷，其实各有各的打算。在平定叛乱后期，唐王朝接受了很多叛军将领的投降，他们在表面上归顺朝廷，其实是为了保住自己的实力，以图后事，他们大多数被任命为新的节度使。不少节度使管辖的地区，名义上是唐朝藩镇，实际上是地方割据。这样，藩镇割据的局面就一步步形成了。

藩镇之间，藩镇和中央之间，不断征战，一直持续到唐朝灭亡。藩镇割据局面出现，严重削弱了唐朝后期对全国的统治，中央成了一个空壳的“司令部”。唐德宗费了 4 年时间，用征讨和妥协的办法，勉强平息了河北藩镇的叛乱。可是，藩镇势力并没有真正肃清。许多节度使仍然割据一方，称王称霸，继续对抗朝廷。

其中最著名的是淮西节度使吴少诚、吴少阳和吴元济，他们相继以蔡州为老窝，盘踞淮河上游地区三十多年，不听朝廷调遣，成了国中之国。他们时常派兵出去掠夺烧杀，人民长期处在这伙人的暴虐统治之下，生活在水深火热之中。唐朝朝廷先是运用政治手段，限制藩镇的发展，但割据一方的这些“土皇帝”对中央的政策阳奉阴违。后来朝廷意识到，靠政治手段不可能达到目的，只有靠武力才能解决藩镇割据的局面，但由于当时没有合适的将领，士兵的战斗力也无法和藩镇的士兵相比，虽多次出兵征讨，却没有取得多少成效。

彩绘贴金陶文官俑

唐宪宗元和十一年(816)正月，朝廷任命李愬为唐(今河南唐河)、随(今湖北随州)、邓(今河南邓州)三州节度使，可以自己扩充军队，准备讨伐吴元济；任命宰相裴度为淮西宣慰处置使，赴前线督战。

李愬出身名将之门，很有军事谋略，又善于骑马射箭，是个难得的将才。他经过对唐朝近几十年的作战分析得出，由于唐朝政府军连年打仗败多胜少，官军士气低落，军心涣散。所以当他走马上任的时候，经常到营房去探望负伤的官兵，进行慰问，使军心日益高昂。他见此时蔡州比较空虚，正是袭击的好时机，如果能成功地打一个袭击战，对鼓舞士气是很有帮助的。他一面扩充军队，赶造兵器，一面对敌军分化瓦解，优待和重用俘虏，把淮西各方面的情况了解得一清二楚，为袭击蔡州做好了充分的准备。

彩绘贴金陶武士俑

同年十月十五日深夜，李愬带领官军冒着大雪奔赴淮西没有防备的蔡州，并一举功克，还抓住了吴元济，士气大涨。这年十一月，吴元济被押送到了京城。唐宪宗下令把他杀死在长安的独柳树下，为患三十多年的淮西割据，就这样被消灭了。平定淮西之后，使东都洛阳和江、淮地区免除了威胁，意义十分重大。其他藩镇看到朝廷有决心有力量征讨叛乱，不得不收敛一些，表示服从朝廷。唐朝暂时又出现了比较统一的局面，这对人民生活和社会生产都非常有利。

点评：

藩镇割据是唐王朝的一大特点，这些藩镇之所以能长期存在，也有其历史的必然性。

(1)在封建社会，一般都采取自给自足的经济模式，而藩镇一般都建立在自然条件较好的地区，农业条件及人口条件相对适合藩镇的独立生存，有充足的粮食和兵源，让他们即使没有中央的支持，也能不断壮大自己的实力。

(2)唐王朝前期疏于对藩镇的限制，给了其无限的权利，在“安史之乱”中又加强了藩镇的自主权，有些藩镇甚至可以任意任免辖区内的官员，可以制定自己的法律，减免农民的赋税。一般情况下，藩镇管辖下农民的赋税反倒比唐王朝少一些，这也是各藩镇为了笼络人心的政治手段。总之，每个藩镇就是一个独立的政治机构。

(3)最重要的一点是他们拥有自己的军队，这是他们能长期割据一方的保障。这些军队经过“安史之乱”之后，大部分都是节度使自己一手组建的，他们对这支军队有绝对的领导权。这些将领都很有军事经验，士兵的军饷都很丰厚，并且很多都是父子兵或兄弟兵，从而保证了军队的战斗力。

(4)唐朝经过“安史之乱”的沉痛打击，军事力量已相当薄弱，军队都被各藩镇所掌握，朝廷没有一支强有力的军队可以作战，再加上统治腐败，所以，无法在短时间内消灭藩镇。

正是因为这些原因，藩镇割据的局面长期存在于唐王朝的统治之下，他们就像蛀虫一样，蚕食着唐王朝这片本就破碎的疆土。唐王朝经过几代皇帝的共同努力才改变了这种状况，但也只打击了一些极其嚣张的藩镇，其他藩镇虽然有所收敛，但也只是起到了治标不治本的作用。

相关链接：

节度使制度

节度使，中国唐代开始设立的地方军政长官。因为在授予职位之时，朝廷赐以旌节，由此得名。节度一词出现甚早，意为节制调度。

唐代节度使制度渊源于魏晋以来的持节。北周及隋改称总管，唐代又改为都督。贞观年间，天下太平，内地都督府减少至消失，只有军事活动频繁的地区设立此职，以统驭州、县、镇戍。镇戍是容易发生战争的地点，是唐朝重要的防御据点，但比较分散，兵力薄弱，只起到哨所的作用。因此每遇战事发生，必须由朝廷派遣行军总管统率后才能出征或备御。规模较大的战役，必须设置行军元帅或行军大总管统领其他将领。唐高宗、武后时期，由于边疆常有少数民族骚扰，为了加强防御力量和改变临时征调的困难，这类屯戍军设置越来越多，并逐渐制度化，形成有固定驻地和较大兵力的军、镇、守捉，各自置使。行军大总管也逐渐演变成统率诸军、镇、守捉的大军区军事长官，于是长驻专任的节度使应时出现。

节度使成为固定职衔是从睿宗景云二年（711）四月以贺拔延嗣为凉州都督充河西节度使开始的。至玄宗开元、天宝间，北方逐渐形成平卢、范阳、河东、朔方、陇右、河西、安西四镇、北庭伊西 8 个节度使区，加上剑南、岭南共为 10 镇，始成为固定军区。节度使受命时被赐双旌双节，得以军事专杀，行则建节，府树大旗，威仪极盛。节度使集军、民、财三政于一身，又常以一人兼统两至三镇，多者达四镇，威权之重，超过魏晋时期的持节都督，时称节镇。

唐朝末年，各种政治斗争越演越烈，宦官掌握大权，百官结为“朋党”，使唐王朝的统治更加无力。

第二十章　唐朝末年的政治斗争

唐朝末年，政治斗争日益尖锐，各种矛盾激化。各种势力为了争夺权利，绞尽脑汁，唐朝朝廷成了这些人争权夺利的“角斗场”。

一、宦官专权与甘露之变

在唐朝的政治弊端中，除了藩镇割据以外，另一个重要的问题就要属宦官专权了。宦官掌权对于唐朝的统治有百害而无一利，但唐代的宦官专权有一个历史过程，想要立刻铲除也不是一件容易的事。

在唐朝建立的时候，不允许宦官参与政事，因为当时政治清明，管理严格，就没有出现宦官当权的现象。到了唐中宗时期，由于他昏庸无能，不但后宫起来瓜分权利，宦官也开始蠢蠢欲动，从宦官人数的增加就能看出这个苗头，宦官在短短几年时间里就增加至千人，形成了一个庞大的势力。由于他们整天在宫中，所以很容易掌握一些其他大臣无法掌握的情况，因此很多图谋不轨的大臣开始和他们勾结，最后发展到较大的宦官直接干欲朝政。到开元末期，宦官人数已达到3000余人，其中有些人还直接担任了将相的职务，权力越来越大；另有一些宦官还担任监军，对国家大事横加干预，在宫中更是气焰嚣张，很多王孙、公主都对他们敬畏不已。

三彩女坐俑

唐朝后期的宦官之所以能长期存在，是因为他们控制了一部分军队，并且这些军队大多驻扎在京城附近，有了武力做后盾，他们甚至可以随意废掉、杀死皇帝，另立新的皇帝。

这些手握生杀大权的大宦官，慢慢地成了唐朝真正的统治者，皇帝成了他们的傀儡。可是有些皇帝和朝中的大臣，并不甘心受宦官的摆布，不断地跟宦官集团进行着斗争，“永贞革新”就是这种性质的斗争。在唐文宗时期，又发生了一场皇帝和朝臣跟宦官的交锋，历史上称为“甘露之变”。

唐文宗的祖父宪宗、哥哥敬宗都死于宦官之手，他的父亲穆宗和他自己，都是由于宦官拥立，才当上了皇帝，但他并没因此而感激他们，因为他不想做宦官的傀儡，受他们摆布。文宗对宦官专权的危害，看得比较清楚，有心铲除宦官势力。那时，朝中的大官分为两党，正在互相倾轧，这种情况下，唐文宗就不得不在较低级的官员中寻求支持。郑注、李训本是当朝的大宦官王守澄为培植他的私人势力才推荐给文宗的。可他俩也不愿当宦官的棋子，并没有按照王守澄的意图办事，而是向文宗献计先除掉宦官，再干别的大事，于是，郑注、李训得到文宗的信任，他们秘密地计划除掉宦官的步骤。

在朝廷大臣当中，李训、郑注又找了舒元舆、韩约等几个人参加除掉宦官的密谋。他们发现，宦官之间为了权利，也存在着很大的矛盾，这是他们的内部斗争，但如果能好好利用，可以削弱他们一部分力量。紧接着他们导演了一出“坐山观虎斗”的场面，加上唐文宗的配合，除掉了王守澄等几个大宦官。唐大和九年(835)，李训当了宰相，郑注当了凤翔节度使，他们准备在王守澄下葬的那天，用内外夹攻的办法消灭全部宦官。因为郑注掌握兵权，李训一直嫉妒他，怕他再立功得势，日后对自己不利。因此，想自己先下手杀了宦官独占功劳，再驱逐郑注。于是，李训和舒元舆、韩约等人秘密制定了另外一个行动计划。

十一月二十一日，他们假借邀唐文宗及百官去看石榴树上的甘露(古人迷信天降甘露就会天下太平)，在院中埋伏了重兵，准备杀掉宦官。韩约对宦官惧怕，临场神色惊慌，引起了宦官仇士良的怀疑，埋伏好的伏兵也随后被暴露，仇士良等人为了自保，劫持唐文宗的软轿退回皇宫。甘露之变以失败告终，李训、舒元舆等人最终被宦官追杀致死。后来，郑注也被宦官杀死。

甘露之变说明，宦官的势力已经非常大，根子很深，朝廷已经没有办法除掉他们，只能眼睁睁地看着他们把持朝政，为非作歹。

二、牛李党争，搅乱朝纲

在宦官专权的日子里，朝廷官员中反对宦官的大都遭到排挤打击，不是被贬，就是性命不保，留在朝中的都是宦官的棋子。这些依附宦官的官员，又分成两个派别——以牛僧孺为首领的牛党和以李德裕为首领的李党，两派官员互相倾轧，争吵不休，闹了40年，历史上把这次朋党之争叫做“牛李党争”。牛李党争是唐朝后期的重大事件，唐文宗曾感叹地说：“去河北贼(指河朔三镇)易，去此朋党实难!”

牛、李二党的形成，与科举制度有关。考生录取为进士后，主考官与考生、考生与考生之间就形成了“座主”(主考官)、“门生”(录取的进士对主考官的自称)、“同年”(考生之间的称谓)的社会关系，这种社会关系成为其以后官场上拉帮结派的主要手段，而两党的上层人物亦在其中。牛党的主要成员有牛僧孺、李宗闵、杨汝士、李逢吉、杨嗣复、杨虞卿、李仲言、李固言、杜综、李珏等；李党的主要成员有李德裕、赵郡、郑覃、李绅、薛元赏、元稹、陈夷行、薛元龟等。

牛、李党争在唐文宗大和年间最为尖锐。党争的主要问题集中在地位和权力上。唐朝的皇帝有至高无上的权力，然而宰相是皇帝之下地位最高、权力最大的人，因此，两党竭力争夺宰相职位，谁获得了宰相职务，这个党就在朝廷里扬眉吐气。唐文宗大和六年(832)，西川节度使李德裕奉调至朝廷，文宗准备用为宰相。当时任宰相的李宗闵百般阻挠，但没有奏效。京兆尹杜综(牛党成员)向李宗闵献计，他说："李德裕做官不是经过科举考试，而是经'门荫'做官，他为此深为遗憾。如果让他当进士的主考官，他一定很愿意。"李宗闵不同意。杜综说："不然任他为御史大夫如何？"李宗闵同意，因为这样李德裕就当不成宰相。但后来事与愿违，李宗闵被调出任江南西道节度使，而由李德裕任宰相。

唐朝后期，翰林学士的地位越来越重要。任翰林学士者，不仅可以多和皇帝接触，而且对朝廷的决策起着重要作用，有相当大的权利。因此，牛、李两党都力争让自己的成员能进入翰林院，他们都极力排斥对方，哪个党在翰林院的人多，哪个党对朝政的决策力就强。大和八年（834）八月，文宗欲以李仲言为谏官，吸收进翰林院中。李仲言是牛党成员，过去因犯错误受过贬官的处罚，然后离任。宰相李德裕听说后，对文宗说："李仲言过去所为，陛下一定全都知道了。这样的人怎么能做陛下的近侍呢？"文宗质问道："人犯了错就不容其改过了吗？"李德裕说："仲言的恶，在于内心，怎么改啊？"文宗又说："这是李逢吉推荐的人才，朕已经答应，怎能食言？"由于李逢吉也是牛党成员，所以李德裕说："逢吉身为宰相，竟然推荐奸邪之人来误国，实在是罪人啊!"文宗提出，能不能再找一个官员来替代，李德裕回答："不行!"由于李德裕过于意气用事，使文宗非常生气。九月，文宗下诏将李德裕与山南西道节度使李宗闵对调，李宗闵又回到京城担任宰相职务。李德裕不愿外任，请求留在京师。文宗改任李德裕为兵部尚书。宰相李宗闵认为皇帝既下诏调李德裕外任，李德裕不应再留在京城。文宗无奈，只得下诏，让李德裕为镇海节度使。

牛、李两党最突出的表现是政见不同，经常为一件事在朝堂上争执半天。大和七年(833)七月，当时李德裕执政，主张进士科考试内容应为儒家经典的"经义"和时务对策，反对考诗赋，唐文宗同意。不过，为时不长，至翌年十月李宗闵为宰相，李德裕外贬，贡院奏："进士复试诗赋。"直到唐末，也未改变，这说明李党的这一主张已经过时。大和五年(831)九月，吐蕃维州副使悉怛谋以维州降，时任西川节度使的李德裕主张受降。宰相牛僧孺担心开罪吐蕃赞普从而引起唐蕃不和，反对受降，唐文宗先同意牛僧孺意见决定不受降，后来又后悔。这件事牛僧孺判断失误，唐文宗也有责任。在对待河朔三镇问题上，牛、李两党的主张无大区别。大和五年（831）幽州军乱，副兵马使杨志诚驱逐其帅李载义作乱，文宗问宰相牛僧孺该如何处理，牛僧孺说："范阳自安史以来，非国所有。今日志诚得之，犹前日载义得之。因而抚之，使捍北狄，不必计其逆顺。"会昌三年(843)，泽潞镇不听朝命，唐武宗以此事问宰相李德裕。李德裕主张对泽潞用兵，他说："泽潞事体与河朔三镇不同。河朔习乱已久，人心难化，是故累朝以来，置之度外。"由于河朔三镇割据由来已久，情况很难改变，因而牛、李两党都主张姑息。而在对泽潞用兵一事，牛党也不反对，由此可见，牛、李两党争与其说是政见之争，不如说是权力之争。

唐武宗在位(841—846)，将宰相李珏、宰相杨嗣复(二人皆属牛党)罢免，将时任淮南节度使的李德裕调回京师任宰相。不久，牛僧孺一贬再贬为循州(广东惠州)司马；李宗闵一贬再贬以至流放封州(广东梧州之东)。不久，将任过宰相的五个牛党成员从远州北迁。以循州司马牛僧孺为衡州(湖南衡阳)长史、封州李宗闵为郴州(湖南郴州)刺史。此外，崔珙、杨嗣复、李珏等远州刺史都分别北迁。

会昌六年（846)，唐宣宗即位后，把武宗时期的大臣一概排斥，撤了李德裕的宰相职务，又把他贬谪到崖州(今海南)。不过，李宗闵于会昌六年(846)八月受诏，未离封州即死，牛僧孺在大中初年卒，大中三年(849)李德裕死于崖州。闹了40年的朋党之争终于收场，但是混乱的唐王朝已经闹得更加不可收拾了。

点评：

唐朝的政治统治有两大问题——宦官当权和“朋党之争”。这对任何一个朝代都是非常不利的，在大多数情况下，发生这种争斗，就是这个朝代末日来临的一种警告。当然也有例外的，如清康熙年间，明珠与索额图之间的党争被康熙妥善地处理掉。但历史上像康熙这样的帝王又有几个呢？

宦官之害当推为封建社会之首。受过宦官之害的不止唐朝一个朝代。事实证明，所有宦官当权带来的都是坏的结果，宦官势力一旦形成，就很难消灭，这也是很多朝代开创之初就订立严禁宦官干预朝政的原因。

回顾历史，我们不难发现，官员之间为争权夺利互相倾轧的大有人在，但当其发展到群体性的“朋党之争”时，危害就明显增强了。唐王朝当时的情况是：一方面受藩镇割据的侵扰，另一方面还要受宦官当权的危害，再加上朝廷里“朋党之争”，这些问题将唐王朝搅得乱成一片。

相关链接：

唐朝的宰相制度

唐朝是宰相制度发展的一个重要阶段，其宰相机构之变化与宰相名称之多变均较复杂。三省制度是在魏、晋、南北朝和隋朝时期逐渐形成的，到唐朝才真正得以确立。

在唐代的中枢机构中，真正握有实权的是尚书、中书、门下三省。尚书省是中央执行政务的总机构，下设吏、户、礼、兵、刑、工六部，其长官称尚书令，左、右仆射为之副。中书省是秉承皇帝意旨掌管国家机要大事和发布政令的机构，其长官称中书令。门下省与中书省同掌机要，并负责审查诏令，签署章奏，有封驳之权，其长官称侍中。凡朝廷有军国大事，则中书出令（决策），门下封驳（审议），尚书受而行之（执行）。所以人们也简称尚书省是执行机构，中书省是决策机构，门下省是审议机构。又因尚书省下设有六部，故习称“三省六部制”。唐初右仆射加“知政事”身份，参加政事堂会议，也是宰相。中书令兼右仆射，不加“知政事”身份亦为宰相。李世民即位后，尚书省的左、右仆射与侍中、中书令均成为宰相。从贞观元年（627）起，其他官员履行宰相事务便经常出现：一是以资格较浅的官员加“参议朝政”、“参知机务”、“参知政事”、“专典机密”、“参议得失”等名号而履行宰相事务；二是给一些资格较老的元勋功臣加“平章事”或“同三品”名号，使其可以继续履行宰相事务。

任何的愤怒积蓄到一定程度，都会爆发。黄巢起义虽然以失败告终，但他却彻底毁灭了唐王朝统治的根基。

第二十一章 黄巢起义，挖空唐朝基石

唐朝末期，经过藩镇混战，宦官专权和朝廷官员中的朋党之争，朝政越来越混乱。武宗之后的宣宗还算是个比较精明的皇帝，但唐朝积弊太深，他已经无法阻挡历史前进的车轮。在他之后即位的懿宗、僖宗只知道寻欢作乐，少理朝政，使朝政腐朽到了极点。统治者和地主官僚加紧剥削，使百姓的负担越来越重；又加上连续不断的灾荒，使得农民穷苦不堪，家破人亡，纷纷背井离乡四处逃亡。如此灾难深重的生活，使人民忍无可忍。从唐懿宗即位，也就是公元 859 年开始，在各地相继爆发了农民起义。浙东地区首先爆发了裘甫领导的农民起义；过了 8 年，桂林爆发了庞勋领导的士兵起义。虽然这两次起义都被朝廷镇压下去了，但是，百姓反抗的情绪越来越高，为新的起义奠定了基础。

咸通十五年（874），濮州(今河南范县一带)盐贩首领王仙芝，聚集了几千农民在长垣(今属河南)起义。不久，冤句(今山东曹县北)地方的盐贩黄巢也起兵响应。黄巢从小读过书，又能骑马射箭，是一个文武全才的人，他也曾经想过走仕途，他到京城长安去参加进士考试，想谋取一官半职，但考了几次都没有考中。正是在这段时间，他看到唐朝廷的腐败和黑暗，心里十分气愤。黄巢和王仙芝两支起义队伍会合之后，转战山东、河南一带，接连攻下许多州县，声势非常大，各地其他的小股起义军都来投靠他们，部队越来越壮大。这让唐王朝非常恐慌，命令各地将领镇压起义军。但是各地藩镇都害怕跟起义军交锋，互相观望，使唐王朝束手无策。唐王朝硬的一套不行，就采用软的手法，以高官厚禄引诱起义军将领，王仙芝有点动摇，想接受唐朝的任命，但被黄巢坚决阻止了。

经过这番波折，黄巢决定跟王仙芝分两路进军。王仙芝向西，黄巢向东。不久，王仙芝因领导不力，率领的起义军在黄梅(在今湖北)被唐军打败，他本人也被杀死。王仙芝失败后，他的起义军与黄巢汇合，大家推黄巢为王，又称“冲天大将军”。当时，官军的主要力量都集中在中原地区，起义军进攻河南的时候，唐王朝在洛阳附近集中大批兵力准备围攻起义军。黄巢识破了敌人企图，决定先攻打官军兵力薄弱的地区，带兵南下。他们顺利渡过长江，打进浙东。起义军一路上势如破竹，声势浩大，仅经过一年多的时间，就打到广州，这让朝廷更加惊慌，起义军并没有因此罢休，而是在广州经过一段时间休整之后，开始挥师北上，攻打长安。唐王朝命大批官军沿路拦击，都被黄巢起义军各个击破。起义大军再次顺利地渡过长江，中利四年（884)，黄巢带领60万大军，浩浩荡荡冲击潼关。起义军攻下潼关后，唐王朝惊慌失措，唐僖宗和宦官头子田令孜带着妃子也走上了入蜀的道路，来不及逃走的唐朝官员全部出城投降。当天下午，黄巢坐着金色轿子，在将士的簇拥下进入长安城。长安百姓受唐王朝的压迫已久，见到起义军赶跑了皇帝，都十分高兴，当黄巢军进入长安时，百姓夹道欢迎。

几天后，黄巢在众将领的推举之下，在长安大明宫即位称帝，国号大齐。黄巢从公元 874 年起兵，经过将近十年的奋斗，终于建立了自己的政权。可是，这个王朝却非常的不稳固，虽然黄巢起义军能征善战，但他们每打下一个地方，从来没留兵防守此地。因此，只是打败了唐王朝的一些军队，却没有从实质上摧毁他的统治。他带领几十万人进了长安，便只有这一座城在自己手里。慢慢地四周就被唐军的势力所包围了。由于长安城内的粮食有限，供应发生了严重困难。就在起义军最困难的时候，黄巢手下的一名大将朱温投降了朝廷，做了可耻叛徒。朱温是宋州砀山(今安徽砀山县)人，小名朱三，他出身贫苦，却从小游手好闲，算得上是个泼皮无赖。黄巢起义军经过他家乡时，他参加了起义队伍。起义军占领长安，建立了大齐政权，黄巢派他做同州防御

唐·木牛车

使，后来唐王朝派军攻打长安，他看到形势危急，就摇身一变，向朝廷举手投降。唐僖宗看到他带兵投降，非常高兴，立即封朱温做了宣武节度使，坐镇大梁，还赐他一个名字叫“全忠”，命他领兵镇压起义军。

唐王朝又召来了沙佗(古代西北少数民族)贵族、雁门节度使李克用，聚集了4万骑兵，会同唐军一起攻打长安。起义军由于被困多日，军心不稳，抵挡不住唐军攻势，只好突围，撤出了长安。

黄巢把起义军转移到淮河中游地区攻打陈州(今河南淮阳县)。可是整整打了将近一年，也没能把陈州攻下来，反而遭受了巨大损失。黄巢只好带着残余部队往其他地方转移，却又遭到了朱全忠、李克用的堵截围攻。许多将士看到起义军大势已去，逃的逃，降的降，一支庞大的起义军被弄得七零八散。

中和四年（884)，黄巢和兄弟黄邺、黄揆等退到泰山狼虎谷，官军紧追不舍。走投无路的黄巢，觉得已经无力再抗衡下去，但又不想死在官军手里，就自杀了。至此，进行了十年的轰轰烈烈的唐末农民起义彻底失败了。

点 评：

黄巢领导的唐末农民起义，率众几十万，转战十几省，持续近十年，是中国历史上一场空前宏伟壮烈的农民革命战争，在中国农民战争史上写下了光辉的篇章。它沉重地打击了唐王朝的统治，表现了农民战争对封建社会的改造作用。同时，起义也削弱了藩镇割据势力，打破了原来中央与藩镇之间、藩镇相互之间的均势。这支农民军以“冲天”的革命思想，第一次提

出“均平”的战斗口号，建立了革命政权，猛烈地冲击了封建制度。标志着农民战争发展到一个新阶段，给后来的农民斗争带来了深远的影响。

黄巢是一个富有传奇色彩的英雄人物，他所领导的起义军把唐王朝送到了覆灭的边缘。由于军事战略上的失策，导致了起义军走向失败。

这场战争最大的失败点就在于没有把攻打下来的城市留住，给了唐王朝后来结集军队反扑的机会；另外一点就是朱温的叛变。作为起义军外围的军队，如果能和长安的大军里应外合，相信一定能取得另外一种局面，但历史有时就是因这种小人而改变的。

这次起义也给当时的统治者敲响了警钟——农民的力量是不可忽视的，同时验证了唐太宗的那句话：水可载舟，亦可覆舟。

相关链接：

黄巢个人小传

黄巢，生卒年不详。曹州冤句（今山东曹县西北）人。私盐贩出身。富有资财，自幼读书，才思敏捷。青年的时候，喜欢击剑骑射，且深通文墨。他曾几次赴长安参加科举考试，但都落第。他以《不第后赋菊》为题，写过一首咏菊诗：“待到秋来九月八，我花开后百花杀。冲天香阵透长安，满城尽带黄金甲。”这首诗表现了黄巢要通过武装起义推翻唐朝反动统治，建立劳动人民自己政权的豪迈气概和必胜信念。

后来，他被起义军推为领袖，号“冲天大将军”、“义军百万都统”，带领60万大军攻破长安，树起“大齐农民政权”的旗帜，实现了自己的政治抱负和远大理想。

黄巢富有政治理想和抱负，但限于农民起义中文人较少，征战后无法及时统治，成了一支只会打仗不懂驾驭政权的军队，这一点为他后来的失败埋下了隐患。后来在长安一战之后一蹶不振，最后带着自己的梦想在山东泰山结束了自己悲壮的一生。

“螳螂捕蝉，黄雀在后”，朱全忠借助黄巢的力量发展壮大了自己，最终走向了自己称帝的道路。

第二十二章　朱全忠灭唐建大梁

黄巢起义虽然失败了，但这次起义对唐王朝的打击可以说是致命的，唐朝皇帝成了名存实亡的摆设。在黄巢起义的时候，各个藩镇都趁机争夺地盘，扩大势力，成了大大小小的各霸一方的小王朝，起义被镇压，但藩镇的实力却增强了。朱全忠这个叛徒，也以农民起义军的鲜血壮大了自己，成了这次起义的最终受益者，成为割据势力中最强大的一个。

在当时能与朱全忠抗衡的只有河东节度使李克用，朱全忠早在镇压起义之初，就想除掉李克用。那还是在黄巢撤兵河南的时候，有一次，朱全忠受到起义军的围攻，他无奈之下就向李克用求救。李克用倒是个爽快的人，马上带领兵马赶到，打败了起义军，解了朱全忠被围之急。朱全忠为了感谢他的救命之恩，大摆宴席，热情款待李克用，但这其中的阴谋就只有朱全忠知道。他趁李克用喝得大醉之后，派兵围住了李克用所住的驿馆，要趁机害死李克用，为自己以后称霸扫清障碍。李克用在没有防备的情况下，来不及应战，并且身边的士兵很少，但他的士兵都很骁勇善战，拼命保护他的安全，才使李克用捡回了条命。

经过了这件事，李克用恨死了朱全忠，发誓一定要把他除掉，仇越结越深，经常打来打去，非要拼个你死我活不可。虽然刚开始实力相当，但经过几次碰撞之后，结果却大不一样了。李克用在藩镇的混战之中，只能保住河东地区；朱全忠却势力越来越大，打败了其他很多军阀，吞并了他们的兵马和地盘，成为一个拥有强大军队，占据广大地区的最强大的新军阀。

唐僖宗病死后，他的弟弟李晔即位，就是唐昭宗。唐昭宗很想摆脱宦官的控制，多次利用朝中大臣来反对宦官，企图削弱并铲除宦官的力量，但每次都因为宦官眼线太多而走漏风声。一次次的失败，惹火了那些掌权的宦官，他们私自把唐昭宗软禁起来，想另立一个皇帝。

朱全忠本是个武将，要插手朝廷的事很不方便，这件事发生后，他认为是自己插手朝政的好机会，便派了亲信溜进长安，秘密联络宰相崔胤，说要支持他消灭宦官，复立昭宗，让他放手做，必要时他会出兵相助。崔胤有了朱全忠做后台，胆子便大起来，他秘密发兵杀了宦官头目刘季述，让昭宗复了位。

昭宗重新上了台，就与崔胤一道，想把所有的宦官都杀了。剩下的宦官见情况不妙，便抢先下手，秘密劫持唐昭宗到凤翔，投靠了凤翔节度使李茂贞。

崔胤见皇帝被劫走，自己也没了主张，就忙向朱全忠求救。朱全忠自然知道这是个机会，立即发兵攻打凤翔，理直气壮地要李茂贞交出唐昭宗。李茂贞当然不肯，他也知道唐昭宗是自己称王称霸的一个重要棋子，但他兵微将少，不是朱全忠的对手。朱全忠大军将凤翔紧紧围住，断绝了一切粮草来源。不久城中就没了粮，又加上连日大雪，饿死、冻死的人不计其数。困在孤城里的李茂贞毫无出路，只好束手就擒。朱全忠把唐昭宗抢到手，便耀武扬威地回到长安。回到长安之后，他下令把宦官全杀了，然后又杀了宰相崔胤，从此朝中大权就落到了朱全忠一个人手上。

到了天复四年（904），朱全忠提出要把京城从长安迁到洛阳去，唐昭宗只有服从，半个字也不敢多说。迁都时，朱全忠命兵士把长安的百姓全都赶到去洛阳的大道上，又派人把长安的宫室、官府和百姓的住房全部拆光，长安城变成了一座废墟，他还命人把拆下的材料顺着渭水、黄河流放到洛阳，整整一个多月，从长安到洛阳的路上挤满了被迫迁移的长安老百姓，他们扶老携幼，哭哭啼啼，那种凄惨的样子无法想象。老百姓一边赶路，一边大骂祸国殃民的朱全忠。

朱全忠画像

唐昭宗和皇后、皇子、公主、侍从及朝中的官员，也只得默默地离开长安，向东行进。走到半路上，朱全忠就下令杀掉了唐昭宗身边的几个重要的官员和很多侍从。在这个时候，皇帝就像一只小鸡一样，任人宰割，自己都难保，还怎么能保住身边的大臣。到了洛阳，朱全忠把他的心腹将领全都安置在京城和皇宫内外的一切军政要职上，这样，他就成了这个朝廷的真正主人，然后就派亲信大将杀了唐昭宗。三天之后，立个13岁的孩子做傀儡皇帝，就是唐哀帝。这之后，朱全忠又把朝廷里剩下的30多个大臣全都杀死，投进了黄河。

朱全忠把皇帝杀了，宦官杀了，旧臣也全没了，其实就是在一步步改朝换代。此时，朱全忠要做皇帝是用不着吹灰之力了，但是狡猾的朱全忠还不愿赤裸裸地登位，以免引起藩镇的不服和反对。他要让唐哀帝主动地把皇位让出来，使他“合法”地登上皇帝宝座。

唐天祐四年（907）三月，唐哀帝亲笔写下禅让的“御札”，向朱全忠“禅位”。朱全忠于是正式即位称帝，下令改国号为梁，以大梁(今河南开封)为国都。自己改名叫朱晃，就是梁太祖。立国290年，经历了21个皇帝的唐王朝，至此宣告结束。

点评：

朱全忠是唐朝末年这场斗争的最终受益人。

他借助农民起义的力量建立了自己的军队，又倒戈镇压农民起义，并借此机会发展了自己的力量。在起义结束之后，又在藩镇的混战中使自己坐上“藩镇之最”这把交椅……他掌握了兵权，基本上也就掌握了唐朝的命运。从他所做的一步又一步的计划就可以看出，他最终是要走向称帝的道路。

中国历史上有些无赖、老粗，成就了霸业，朱温就是其中一个。毛泽东曾经评价他说：“朱温处四战之地，与曹操略同，而狡猾过之。”朱温一生改了三次名字，从朱温、朱全忠到朱晃，每一次的改名都是他在政治生涯中的一次变色。他从一个农民演变为后梁的开国之君，靠的是什么？靠的是他的狡诈和谋略、他灵活的对敌策略、他的驭下之术，当然还有他的无赖精神。

朱全忠是一个不得人心的统治者，这也注定了他的统治不会太久。经过短短17年的时间，他的大梁王朝就被人推翻，而推翻他的正是他的手下败将李克用的儿子——李存勖。这在《晓风残月——宋朝那些人事儿》中将会详细介绍。

相关链接：

朱全忠小传

朱温出生于宋州砀山（今安徽砀山县午沟里），父亲是乡下的一个穷教书先生，兄弟三人，朱温是老三，一家人生活过得很清苦。

在他兄弟三人都未成年时，他的父亲就去世了，他的母亲只好带着三个孩子到萧县地主刘崇家当佣工，母亲给地主家里织布，两个哥哥平时放牛，农忙时节种地，而他则放猪。朱温从小爱使枪弄棒，练就了一身好武艺。他经常不好好劳动，刘崇常常骂他，甚至用棍子打他。而刘崇的母亲却很喜欢他，经常亲自给他梳头，并且告诉其他人说：“朱三不是一般人，你们要好好待他。”别人问为什么，她说："曾经有一次看到朱温熟睡时变成了一条赤蛇。"大家都笑她眼花，谁也不相信，这当然只是个传说。

黄巢起义爆发后，军队从宋州路过，朱温就与他的二哥朱存一起去参加了黄巢的起义队伍，这时朱温已经26岁。刚开始他只是一个普通的士兵，但他英勇善战，并且能出很好的主意，后来就升为队长。他的哥哥朱存在起义军攻打广州时战死。朱温以自己的勇猛善战赢得了黄巢对他的重视，也换取了他一步步高升的职位。在黄巢攻下长安建立了大齐政权后，任命他为东南行营先锋使，派他到各地去打仗。之后朱温就捷报频传，日益获得黄巢的信任，直至后来他叛变。经过后来的不断钻营、争斗、攻战、杀戮，最后他建立了大梁王朝。

唐诗在中国文化史上是一颗耀眼的明珠，是中国文化宝库里华丽多姿的篇章。

附录一 瑰丽多姿的诗文化

唐诗的发展存在着不同的阶段，它和唐代社会发展在某种程度上有一定的契合。人们习惯上把唐诗分成初、盛、中、晚四个阶段：初唐指高祖武德元年(618)以后的百年之间；盛唐指玄宗开元元年(713)以后的50年之间；中唐指代宗大历元年(766)以后的80年间；晚唐为宣宗大中元年(847)至唐亡的60年间。

唐代诗歌影响广泛，与社会风尚有着密不可分的关系。当时人们普遍爱好诗歌，诗歌不仅仅是文人的专利，而且也是普通老百姓的喜好，从青楼女子到一般士众，从皇后嫔妃到王公大臣，从遣唐使节到和尚道人，三教九流、男女老少皆爱诗歌。

一、初唐四杰奠定基础

在高宗到武后初年，出现了“以文章齐名天下”的“初唐四杰”，即王勃、杨炯、卢照邻和骆宾王。他们都是初唐诗坛上很

滕王阁

有才华的作家，“年少而才高，官小而名大”。四杰的诗歌，从宫廷走向人生，题材较为广泛，风格也较清俊，是初唐文坛上新旧过渡时期的代表人物。

四杰不仅能诗善文，名扬海内，而且内容上相互呼应，有力地冲击了宫廷诗风。宫廷诗以上官仪为代表，所以又称“上官体”，风格精巧雅致、绮丽婉媚，内容多以宫廷生活为主。“初唐四杰”以独特的审美追求，开始改变当时诗歌的风貌。他们的诗歌中，有的充满了匡时济世、建功立业的人生理想和热情，有的充满了悲苦之音。他们突破以往诗歌的局限，拓宽了诗歌的发展领域，使之从宫苑台阁走向江山塞漠，容纳更加丰富的情感内容，让诗歌从达官贵人的独享品变为老百姓也能欣赏和驾驭的大众文化。

“初唐四杰”在诗歌创作上的贡献，不仅表现为内容的拓展和充实，也表现为形式的创新和完善，完成了五、七言律体的定型。就创作方向而言，卢、骆喜欢作五、七言长篇；王、杨则以五言律、绝取胜。

“初唐四杰”的创作实践，构成了唐诗文化发展中重要的一环。杜甫在谈到这几个初唐诗人时说：“王、杨、卢、骆当时体，轻薄为文哂未休。尔曹身与名俱灭，不废江河万古流。”他从大处着眼，看到四杰的历史作用，确实很有眼光。

王勃为四杰之首，是个很有才华的诗人。在诗歌创作上，王勃擅长五律、五绝，虽存篇幅不多，但已形成独特的风格，境界开阔，语言质朴。其名篇《送杜少府之任蜀川》将离别之情表现得乐观开朗，绝无哀伤缠绵之感；他的《滕王阁序》更是成为千古绝唱，气势雄伟，风格高昂，显示了诗文革新的初步成绩。

骆宾王的生活经历很丰富，少年从军，并且担任过低级的军官，他年轻时就擅写诗文，在四杰中他的诗最多。骆宾王也很擅长写七言诗歌，名作《帝京篇》在当时就已被称为绝唱。

杨炯曾任盈川县令，在初唐四杰中，他的诗数量最少，成就也最低。他这个人比较自傲，自认为已经超过了王勃。杨炯的诗作以边塞征战诗最为著名，他的代表作《从军行》，格调激扬豪迈，充满爱国激情。杨炯的作品具有很大的复杂性，既带有宫廷诗的烙印，又有与之抗衡的思想，成为唐初诗坛一股新风。

卢照邻在四杰中身世最苦，一生只做过几任小官，日子过得很不得意，心情烦闷而成疾。后因病辞去官职，隐居在太白山上，过着清苦的生活。晚年病势加重，卧床十余年，武则天曾多次下诏为其封官，他都没有就职。在不堪病痛折磨的情况下，意志力渐无，自投颍水而死，那年他才50多岁。卢照邻的作品多为悲苦之音，读后使人伤感不已，他自号幽忧子，很能说明他的心境。幽忧是他生活的象征，也是他作品的象征。他的代表作《行路难》、《长安古意》被称为初唐巨制。

二、巨匠陈子昂名扬千古

陈子昂（659—700）字伯玉，梓州射洪（今四川射洪）人。他所生活的年代比四杰中的王勃和杨炯稍稍晚了一点。陈子昂生在一个富豪家中，性情豪爽。在24岁时就中了进士，做过的最大官职是右拾遗，他经常上书论政，陈述时弊。他曾随武攸宜带兵出击契丹，因与武攸宜性格不合，后来解职回到故乡，最终被县令段简诬陷遭受牢狱之灾，忧愤而死。

从唐朝初年到陈子昂时期的数十年间，人们一直受宫廷文学的压迫，虽然这种文字辞藻优美，但言之无物，大家期待一股文学新潮的到来。陈子昂正是顺应了时代的需要，提出清晰而透辟的诗歌理论主张。他在总结了前代诗歌发展的历史经验之后，标举出“汉魏风骨”的著名理论，恢复和发扬文学中的英雄性格，以矫正诗界软弱柔靡的倾向，为唐诗注入了蓬勃的生命力。

贯穿在陈子昂诗歌中的是对人本身的关注和对人生所处背景的细微体察。他的代表作《感遇》三十八首和《蓟丘览古赠卢居士藏用》七首，就是带有强烈自我意识、充满进取精神的佳作，诗歌中表现了对政治、道德、命运等一系列根本问题的观察与思考。陈子昂总是以宽厚博大的胸襟注视着时空无限的宇宙，把个人的生存状态放在这巨大的背景下来观察，表现出对永恒的无限渴望。他的《登幽州台歌》中“前不见古人，后不见来者。念天地之悠悠，独怆然而涕下”，虽抒写了自身怀才不遇的悲怆，但其中更多的却蕴含着自信，有一种与时代不合而不被理解的孤独感，作者高耸起一个伟大而孤傲的自我形象，给人以崇高的美感。陈子昂不仅仅在文学上，而且在更为广阔的精神上，开启了盛唐整整一代诗人的诗歌思路，赢得后代的敬仰。

这一时期，唐诗的浪漫气质日趋强化，它以另一种风格，呈现在刘希夷、张若虚等人赞美青春，表现对生命永恒之渴望的诗篇中。

三、诗仙李白豪情万丈

唐朝是我国诗歌创作最兴盛的时代，曾经涌现出了许多群星般灿烂的诗人。所以人们常把这个时期称为我国诗歌发展史上的黄金时代。唐诗分为初唐、盛唐、中唐和晚唐 4 个时期。初唐以王勃、卢照邻、杨炯、骆宾王为代表人物，史称“初唐四杰”；盛唐以李白、杜甫、王维、岑参为代表人物；中唐以白居易、李贺、元

李白像

稹为代表人物；晚唐以李商隐、杜牧、温庭筠为代表人物。这些著名诗人的诗歌，至今为人们所传诵，它是我国文学宝库中的瑰宝。其中最杰出的代表就是伟大的诗人李白和杜甫。

李白（701—762），字太白，号青莲居士。青少年时代受到儒家、道家思想的影响，博览群书，又好行剑术，生活情趣和才能多种多样。20 岁以后，他开始游历祖国的名山大川，如成都峨嵋山等地。李白常常把自己比作管仲、诸葛亮、谢安等一流人物，希望能像这些英雄人物一样为国家做一番轰轰烈烈的事业。25 岁时，李白为了实现自己的远大抱负，开始了远游兼求仕的生活，在随后的十多年间，足迹遍及半个中国，写下了许多不朽的诗篇，展示了他高超的艺术才能。在他 42 岁的时候，唐玄宗召李白进长安做了翰林供奉，这是一种在宫中写诗作文专供皇帝公卿欣赏助兴的官职。这种官职的性质就像宫中的歌妓一样，只

李白“上阳台”手迹

李白故居（太白堂）

是比那些人文雅。这种悠闲而无作为的宫廷诗人生活，离李白的理想实在太远，宫廷中纵欲淫靡的生活和安于这种生活的权贵，使他看到朝廷政治的腐败，加深了他对黑暗社会的认识，他常常借酒浇愁，并写出了一些蔑视权贵的诗文。

安史之乱爆发后，在爱国热情的激励下，55 岁的李白毅然奔赴前线，投入了永王李璘的幕府，打算辅佐永王平定叛乱，收复失地，实现自己报效祖国的梦想。随后的日子里，永王因谋反罪被诛杀后，李白也被牵连入狱，最后虽免了死刑，但被流放。得到赦免后，李白又开始了寻访祖国大好河山的生活。在这期间，他虽然穷困到了极点，但从普通老百姓的身上，他得到了一生追求的真诚、纯洁的友情，写出了许多惊天地、泣鬼神的诗篇。唐肃宗元年（762），李白在穷困漂泊中结束了他的一生。

李白是盛唐文化孕育出来的天才诗人，其非凡的自负和自信，狂傲独立的人格、豪放洒脱的气度和自由创造的浪漫情怀，充分体现了盛唐士人的时代性格和精神风貌。他以才气写诗，是一位天才的诗人。在中国诗歌史上，李白有不可代替的不朽地位。

李白是我国历史上伟大的浪漫主义诗人，被后人称为“诗仙”。他的一生虽然很不得意，但是他那些美丽壮观的诗篇，千百年来一直被人们传诵。他是一个洒脱的诗人，常常酒后抒发自己的情怀，很多优秀的诗歌都是他在酒后创作出来的。李白的诗歌有很丰富的想像力和高度的艺术技巧。比如，他用“飞流直下三千尺，疑是银河落九天”来形容瀑布的壮观，这是前无古人、后无来者的艺术境界。他的诗还善于用拟人的手法，比如，写春风，“春风知别苦，不遣柳条青”；写月亮，“我歌月徘徊，我舞影零乱。醒时同交欢，醉后各分散”。这些极其生动、逼真的比喻，艺术感染力很强，充满了浪漫主义色彩。他歌颂祖国山河的诗篇，充满着爱国的激情。

四、诗圣杜甫诗史巨人

在唐代诗人中，和李白齐名的是被称为“诗圣”的杜甫。杜甫，字子美，因曾做过节度参谋、检校工部员外郎，所以后人也称他为“杜工部”。

杜甫生于唐景云三年（712），他七岁就能写诗，十四五岁的时候，洛阳一些有名的文人已经开始和他交往。他和李白一样，年轻的杜甫也曾经在祖国的南北漫游。他在登上泰山日观峰的时候，写下了著名的五言古诗《望岳》，其中“会当凌绝顶，一览众山小”的名句，抒发了他雄伟的志向和抱负。

天宝三年（744），杜甫在洛阳遇到了大诗人李白，两个人互相钦佩，一见如故。他们一起游历河南、山东等地方，在这期间结下了深厚的友谊。几年后，杜甫来到长安想为国尽力，施展自己的抱负，但由于当时奸相李林甫当道，唐玄宗昏庸无度，不重用人才，致使他四处碰壁，遭到了不少白眼，直到44岁的时候，才得到一个地位很低的官职。

杜甫草堂

在一次回家探亲的路上，他看到由于连年水灾旱灾不断，老百姓家家缺吃少穿，几乎没有了活路，而皇宫内和达官显贵的家里依然歌舞升平，酒肉不断。他刚满周岁的儿子也在这个时候饿死了，他在悲愤之余写下了长诗《自京赴奉先县咏怀五百字》，其中“朱门酒肉臭，路有冻死骨”一句成为千古绝唱，是对唐王朝腐败的最佳诠释。这一时期，杜甫还写了著名的《兵车行》、《三吏》、《三别》等诗篇，饱含了对穷苦老百姓的爱怜和同情。安史之乱以后，杜甫离开长安，追随唐肃宗到了凤翔，肃宗封他做左拾遗，负责给皇帝提意见。由于当时的皇帝听不进逆耳的忠言，而他又恰恰喜欢批评朝政，没多久他就被贬为华州司功参军，管理地方的祭祀、学校选举等工作。

杜甫对当时的朝廷越来越失望，毅然抛弃了官职，来到成都，住在西郊外的浣花溪。在好友的帮助下，杜甫开辟荒地，营建起一座草堂。在这里他写出了著名的《茅屋为秋风所破歌》。大历五年（770）冬天，59 岁的杜甫病死在湘江的小船上。杜甫是一个高产诗人，他的一生写了几千首诗，用诗描绘了一个复杂多变的历史时代，具有极大的史学价值。他的诗歌深刻地反映了悲惨的社会现实和人民的苦难，所以，人们把他的诗称为“诗史”，也把他称作我国历史上伟大的现实主义诗人。

杜甫是用才力写诗而达到了诗歌创作的巅峰，他自己也说“为人性僻耽佳句，语不惊人死不休。”在中国的诗歌发展史上，杜甫带有集大成的性质，对于后来者有着极为深远的影响，历千年而不衰。

五、现实主义诗人白居易

唐代是我国历史上著名的诗歌时代，近 300 年间，先后出现了许多优秀的诗人。李白和杜甫，是当时诗国的两颗巨星，白居易，是继李白、杜甫之后出现的又一位伟大诗人。

白居易(772—846)，字乐天，祖籍太原，生于河南郑州新郑县，晚年居住在洛阳，与香山寺僧人等来往密切，自号香山居士。卒于唐武宗会昌六年（846）。

他五六岁开始学作诗，八九岁的时候已经能按照复杂的声韵写格律诗了。他的少年时代在战乱中度过，过着颠沛流离的生活，但学习刻苦勤奋，相传于贞元三年（787），16 岁的白居易便带着自己创作的诗文到长安去进谒当时名高望重的名士顾况。顾况看着他的名字戏言："长安米贵，居大不易"，可当他翻到白居易的《赋得古原草送别》一诗中"野火烧不尽，春风吹又生"两句时，甚感惊讶，忙改口道："有才如此，居易不难"。从此之后，白居易诗名渐显，一步一步踏上了其辉煌的诗文创作道路。后来，白居易考中进士，在朝廷担任左拾遗，他忠贞正直，遇到皇帝做了不妥当的事，别人不敢说，他却敢争辩。这一来，就得罪了那些权贵。权贵们怨恨他，散布流言蜚语诽谤他，白居易最终被贬为江州司马。

后来，白居易在忠州(今四川忠县)、杭州、苏州当过刺史，在这些地方，他替老百姓办了不少好事。白居易一生笔耕不辍，写下了大量的诗歌和文章，流传到现在的诗歌有二千八百多首，散文八百多篇，是唐代流传下来诗歌最广的诗人。

白居易像

为了通过作

品反映现实，描写人民的生活和疾苦，白居易的诗歌和文章写得通俗易懂，有文化的人都能读得懂，没有文化的人也能听得懂。据说，他每作一首诗，都要拿去念给老婆婆听，直到她们听懂为止。他的诗在当时流传极为广泛，上自王公贵族，下至普通老百姓，如妇女、和尚、放牛娃、马车夫，都能背诵他的一些诗歌。从长安到江西跨越几千里的地方，许多乡村学校、佛寺、旅舍、驿站、邮亭的墙壁、廊柱上，都有人题写他的诗。他的诗歌在民间流传之广足以证明他在诗歌文化上的精湛造诣。他大量的诗文，尤其是著名的组诗《新乐府》、《秦中吟》，长诗《长恨歌》、《琵琶行》等，都是反映现实生活和揭露社会矛盾的优秀作品。有的写老百姓怎样受苦，有的说当官的如何横行乡里、骄奢淫逸，有的表示了对政事的诸多看法，有的直接指责当朝皇帝，立意深刻，反映出了很多社会深层的问题。

白居易的诗在当时就流传到了日本、朝鲜和中亚的许多亚洲国家。尽管白居易的名气很大，诗歌的成就在当时也达到了最高，但他依然十分谦虚，从来没有仗才欺人，看不起普通老百姓，这大概也是白居易在诗歌上取得伟大成就的另一个重要原因。

六、韩愈、柳宗元提倡古文运动

唐代中期又出现了一大批诗文巨匠，其中有一位大文学家名叫韩愈(763—824)，他在唐朝乃至中国古代文坛中的地位都是很高的。他提倡用西汉以前的文体写文章，反对当时流行的文体，当时沿袭南北朝时期的骈文体，讲究声律、对偶、用典，追求文辞的华美，但往往空洞无物，经常为了文体的工整，而改变要表达的意思，不能很准确的表达思想和见解。从隋朝时期就有人提出批评，反对用这种文体和文风。因为韩愈所提出的西汉文体距离中唐已经八百余年，所以人们把西汉时候的文体称为古文，把当时的文体称为近体文。韩愈顺应时代要求提倡的古文写法，很快得到了当时文人的支持，形成了一场规模壮阔的文化运动，后人称它为古文运动。韩愈是河阳(今河南孟州)人，又常常以昌黎(今辽宁义县一带)的韩氏大姓自称，所以人们尊称他为“韩昌黎”。他主张写文章要有创造性，完全写出自己的见解，不模仿前人一言一句，宁可精，不可滥。他所倡导的古文，实际上是在前人的基础上发展的一种新的散文体。韩愈作文，十分重视用词造句的恰当和流畅，要求做到文从字顺，与当时的文体背道而驰。他用新散文体先后写出了三百多篇政论、书信、传记、序言和墓志。这些文章都具有高度的文学艺术技巧，从形式到内容都洋溢着全新的精神面貌。他的散文大多气势磅礴，情感充沛，文字精练，语言生动。其中有很多文章、

韩愈像

警句在民间广泛流传，直到现在还具有很强的生命力。例如，“业精于勤荒于嬉，行成于思毁于随”、“弟子不必不如师，师不必贤于弟子”、“世有伯乐，然后有千里马；千里马常有，而伯乐不常有”等，这些寓意深刻的经典话语，到今天还常常被人们引用在各个领域。

韩愈是我国文学史上一位伟大的散文大师，被后人列为唐宋八大家之一，并且排名第一。韩愈一生为人品行端正，对人一贯讲真话，敢于说出自己的见解。他 25 岁就开始做官，但在政治上的成就不大，由于在政治上清政廉明，得罪了权贵，后来几次遭到贬谪，还有一次差点儿丢掉了性命。

和韩愈同时代的著名文学家柳宗元，(773—819)也是一位倡导古文运动的领袖人物。他们两人关系密切，在当时享有同样的盛名，在文学史上地位也几乎相当。柳宗元从小就很聪明，也很勤奋，博览群书，21 岁考取了进士。他有很强的政治抱负，积极参加了永贞革新的活动，在这次革新中，谋划了很多有积极意义的政治主张。永贞革新最后因宦官破坏导致失败，柳宗元被贬为永州(今湖南零陵一带)司马，后来又被派到更远的柳州去当刺史，最后在那里结束了光辉灿烂的一生。

他在长期的贬谪生活中，柳宗元接触了很多社会下层的人民，了解他们的疾苦，对当时残害人民的苛政、对社会的黑暗现象有了更加深刻的认识，从而写了不少优秀的文章加以揭露，如《捕蛇者说》、《童区寄传》等。他还擅长写山水游记，其中最著名的是《永州八记》。他不仅用优美流畅的文字描写了清奇秀丽的自然景色，而且把自己的遭遇和悲愤感情寄托在山水之中，成为历代山水散文的杰作。柳宗元是河东(今山西永济)人，人们称他柳河东，因为他当过柳州刺史，又称他柳柳州。这类称呼，在古代都是表示尊敬的意思。

唐王朝在诗歌文化上的造诣，是其他任何一个朝代所无法比拟的。唐王朝的这批诗人，把诗歌发展到了一个鼎盛时期，为后人树立了一座难以逾越的丰碑。在唐朝近300年的历史中，涌现出了一大批诗歌巨匠，不管是在盛世太平的“贞观之治”，还是在唐朝末年的动乱时代，都涌现出了一大批成就颇高的诗人。诗歌在唐王朝被分为多个流派，以王维、孟浩然为代表的“田园诗派”，还有以王昌龄、岑参、高适为代表的“边塞诗派”。这些不同流派的发展，把唐王朝的诗歌文化推向了一个又一个高峰。

佛教是对中国人民影响较深远的一个宗教，它在唐朝时期鼎盛发展并逐步完善。

附录二 鼎盛一时的佛教文化

佛教是中国历史上最大的教派，它发源于印度，却在中国达到了顶峰。它在东汉时期传入中国，魏晋南北朝时期有了很大发展，到隋唐时期又有了新的发展，在这个时期，随着玄奘西去求取佛法，中国佛教教义日益完善，佛教经典也大量地被翻译，并逐渐形成了许多流派。每个流派都有自己尊奉的经典和独特的教义，有自己的寺院，以一个寺院作为讲说某部或几部佛经的中心，每个流派也都有自己的势力范围和传法的体系。

一、佛教的几大流派

在我国历史上，最早建立的宗派是天台宗，它的实际创始者是陈隋之际的智颉(538—597)。他以天台山为中心，故以天台作为宗派的名称。到了南北朝时，南方重义理，北方重坐禅，智颉打破南北界限，理、禅并重，提出要定慧双修，把南北佛学融为一体。天台宗是以《法华经》作为主要的经典，所以又被称为法华宗。

中国的法相宗是唐初玄奘(602—664)创立的宗派。玄奘在天竺学习他们后期佛教大乘有宗的佛学，回国后他翻译了当时天竺十大论师的著作《成唯识论》。他把在天竺所学和翻译的佛经都作为真经一样奉为神明，并加以宣扬，以此作为教义，创立了法相宗，又因他翻译的佛教经典是《成唯识论》，所以后来又称其为成唯识宗。但是这个流派教义十分繁琐，很不适合中国国情，在唐初风靡了一阵以后，很快就衰落了。但玄奘对我国佛学和对中印文化的交流所做出的杰出贡献，却丝毫不会因此而受到影响。

唐·彩塑菩萨像

武则天时期也兴起了许多宗派，其中比较著名的是华严宗和密宗。华严宗的创始人为法藏(643—712)。武则天是一个信奉佛教的统治者，所以在她统治的那个时期，佛家有所成就的人都受到她的礼遇，她赐号法藏为“贤首”，因此，这一宗派又称贤首宗。他是以《华严经》为最高经典教义。由于此经中提到山西五台山是文殊菩萨的道场，五台山从此就成为佛教文化的圣地。这个宗派主要流行于北方，除了五台山以外，长安也是其中心。

密宗，又被世人称真言宗，在盛唐时期开始流传。其创建人物较多，有来唐朝传法中的印度摩揭陀国人善无畏(637—735)，还有南天竺摩赖耶国人金刚智(671—741)和狮子国人不空(705—774)，被后人并称为“开元三大士”。著名佛法大师一行和新罗僧慧超均为他们的弟子。密宗重视念诵咒语，宗教内部复杂，管理严格，带有极强的神秘色彩，主要信奉的经典是《大日经》、《金刚顶经》、《苏悉地经》。

二、外出学佛法

在玄奘所处的时代，正是佛教各派争鸣的时代，南方流派和北方流派都有各自的主张，并且佛教盛行的北方更是分为很多不同的学派，争论了几百年而没有结果。玄奘拜访全国各大流派的大师，认真听取了他们讲论的佛法之后，详细考察，发现各有各的道理，但各家之间也有出入，为了真正搞清楚哪家佛法是正统，他溯本求源，西赴印度求取真经。

受玄奘西行取经的影响，其后有很多的高僧前去印度等佛教兴盛的国家求取真经。他们其中有些人，除了途经西域之外，还经吐蕃到达佛教文化也很发达的尼婆罗(今天的尼泊尔)，还有经广州从海路到南亚各国学习佛法的。与此同时，许多天竺、狮子国、尼婆罗和西域的僧人也来到大唐交流并翻译佛法，使当时唐王朝的佛学成就会聚了各家之长，为佛学在我国的大发展打下了坚实的基础。当时来自各国的翻译经文的僧人先后就有二十余人，佛学交流的频繁由此可见一斑。这也从侧面反映出了唐王朝宽松的文化政策。

在唐太宗时期，政府还组织开展了大量的翻译佛教经典的活动。贞观十九年(645)，玄奘在政府的支持下，组织了宏大的译场，除他本人参加翻译外，还有证义12人，撰文9人，笔授、书手若干人，共译出佛经74部，共1335卷，内容包括般若、瑜伽等，内容丰富全面。其后又陆续译出61部，共261卷，主要是一些律典。不空法师又译出61部，共260卷，因为他本人是密宗流派的代表，所以这些都是密宗的经典佛法。

从贞观三年(629)到元和六年(811)的182年间，共译出佛经372部，共2159卷，是我国历史上翻译佛学经典最多的一个时期。

三、禅宗和净土宗的盛行

自从南北朝以来，修习禅法皆以《楞伽经》为印证。到了隋朝时期，重视《楞伽经》的风气稍有变化。唐初的大师弘忍(602—675）在给徒弟讲佛法时，常常劝他们诵读《金刚经》。弘忍还命弟子作偈，选择其中能见本性者传授衣钵。大徒弟神秀作偈说："身是菩提树，心如明镜台，时时勤拂拭，勿使惹尘埃。"在寺从事破柴踏碓等勤杂工作的慧能认为此偈未见本性，随后也作一偈说："菩提本无树，明镜亦非台，本来无一物，何处惹尘埃。"弘忍见他悟性很高，便把衣钵传给了他，并让他速速离开，到各地传授佛法。慧能（638—713）在岭南一带，提倡顿悟见性。

神秀则在北方活动，信奉《楞伽经》，主张不断修行，逐渐觉悟，这样，禅宗慢慢地就分为南北两宗。神秀受到武则天的礼遇，在京都洛阳和长安影响很大。到了天宝初年，慧能的得意弟子神左去洛阳传授禅法，日渐被当地人所接受，神秀的渐修之教从此逐渐衰落，此后慧能的禅宗一家独占当时佛教泰斗之位。

慧能对于禅宗佛法的认识为："一切万法，尽在自身中"，他认为万事万物都存在于人的心中。从这个基本点出发，他提出"本性是佛，离性别无佛"，因此，"菩提只向心觅，西方只在目前"。他的佛法观点中认为只要认识到这一点，除去各种杂念，"一刹那间，妄念俱灰，若识自性，一悟即到佛地"，就可以"见性成佛"，脱离苦难。慧能据此还提出，"随所住处，恒安乐"。这是要人们逆来顺受，忍受苦难，从自己的内心中去寻求解脱。

净土在南北朝时就开始流行，它又分为弥勒净土和弥陀净土，弥勒净土信奉弥勒佛，有弥勒下生的信仰。南北朝以来民间常以弥勒佛出世来组织人民起来反抗，曾受到统治者的禁止。唐初因玄奘信弥勒净土，曾盛行一时。武则天时，大臣薛怀义据《大云经》女主出世之说："陈符命，言则是弥勒下生，作阎浮提主，唐氏合微"。弥勒佛信仰继续流行。这个时期的大佛，其中就有弥勒佛的造像。

净土的正宗是弥陀净土。创始人是道绰（562—645）和善导（613—681），主要经典为《无量寿经》、《观无量寿经》、《阿弥陀经》。大宗师道绰继北魏大师昙鸾之后在交城玄中寺专修净土法门。他的佛法观点是"若一念称阿弥陀佛，即能除却八十亿劫生死之罪"。他常常叫大众常念阿弥陀佛。他有著作《安乐集》流传于世，为后世敬仰。善导曾跟随道绰学净土佛法于玄中寺，后在长安宣扬净土信仰。他抄写《阿弥陀佛》数万卷，并画净土遍三百壁。他所著《观无量寿经疏》等五部著作，对净土宗的教义和行事仪式作了系统的论述和规定，从而完成了净土宗完善的建立。善导认为，称名念佛，现生即可"延年益寿，长命安乐"，"行住坐卧，常得安稳，长命富乐，永无病痛"。如果能长期念佛，死后则可得到佛的接引，去往西方安乐净土。净土宗没有繁琐的教义和高深的理论，修行方法简单易行。因此，净土信仰不论在上层社会还是在民间，都得到最广泛的流行。

唐朝的艺术上承魏晋，下启宋元，开创了中华艺术的天地。

附录三　光耀千古的艺术成就

一、唐代绘画大发展

唐朝的绘画在唐代艺术中具有突出的地位。当时绘画主要服务于宗教，在这个时期，绘画艺术取得了很大发展，涌现出了大批杰出的画家，现在能查出姓名的就有四百多人。

宫廷、陵墓、寺庙和石窟寺的壁画是这个时期绘画的主要组成部分，但题材更为广泛，也更为世俗化，具有强烈的生活气息。大画家吴道子善画人物，他年轻时做过画工，后被玄宗招为内教博士。他吸取法画流派的精湛技巧，但同时也大胆创新，使用圆润的兰叶描画法，又于焦墨痕中微施色彩，使画面富有立体感。他画的人物衣带飘飘欲飞，就像迎面吹来了一阵和风。因此人们用“吴带当风”这句话来赞美他高超的绘画艺术技巧。

在 1960 年出土的永泰公主墓、1971 年出土的章怀太子李贤墓和懿德太子李重润墓中，发现了大量有考古价值的壁画。懿德太子墓中的壁画，总面积达到四百多平方米，保存比较完整的有四十余幅。这些壁画不但色彩鲜艳，布局严密，内容丰富有张力，其中囊括了宫廷生活中的许多画面，有王子、客使、侍女、陪臣、宦官等人物形象，还有出行、马毬、歌舞、游戏等宫廷活动的场景。人物、山水、花鸟卷轴画的广泛兴起，也从一个侧面说明绘画已经开始从宫廷、寺庙中走出来，成为文人士大夫抒情写意的主要工具。于此同时，画家也摆脱了充当画匠的角色，成为士大夫的一个组成部分。

明·唐寅·落霞孤鹜图

唐代时期著名画家吴道子一生画了很多流传千古的名画，单是在长安、洛阳一带的佛寺和道观里，就画了佛教和道教的宗教壁画三百多幅。玄宗遣他在大同殿中画嘉陵江三百里山水，他一日而就，可见其深厚功底。他画中的人物千姿百态，各不相同。吴道子画山水画，笔势洒脱，气势磅礴，一气呵成，对后世影响颇深，后世的水墨山水画，就是仿照他的这种画法。他的艺术风格，被后人称为“吴家样”；他的着色方法，被奉作“吴装”。后来，许多画家都仿照他的画，把他称为“画圣”。民间的绘画和雕塑工匠更是把他尊为祖师。

阎立本是唐朝初年的著名画家，擅长画人物、车马和亭台楼阁。唐太宗很欣赏他的绘画才能，曾经让他给自己画像。前面提到唐太宗时期凌烟阁上面 24 位开国功臣的画像就是他的作品。阎立本还有《历代帝王图》（现存于美国波士顿博物馆）、《步辇图》（现存于故宫博物院）等著名作品。

跟李白同年出生的王维，不但是位伟大的诗人，更是一位对绘画做出巨大贡献的大画家。他擅长画山水画，人们欣赏着这些画，就像吟咏着描绘锦绣山川的优美诗篇。因此，宋朝大文学家苏轼称赞王维说：“诗中有画，画中有诗”。王维是第一位善于把诗和画熔为一炉的艺术大师。唐朝还有许多各具特长的著名画家，像李思训、李昭道父子画山水树石，精巧细拙，金碧辉映，被称为“青绿山水”，被当代书法家、画家、摄影家黄志斌同志称为“青绿山水，精巧细拙，金碧辉胜，相得益彰”。

总之，唐代是中国古代绘画全面发展的鼎盛时期，人物、山水、花鸟画都取得了很高的成就。作为逐渐成熟并开始独立的山水画、花鸟画，在唐代初年大放异彩；人物画在经历了长期发展之后，融合秦汉的纯朴豪放、魏晋的含蓄隽永，进入一个精湛瑰丽的新时期。

二、书法的高峰

隋唐时期是我国书法艺术的高峰。在南北朝时期，不少书法家融合北方碑版体方严道劲的风骨和南方书简体疏放妍妙的气韵，逐渐开始探索创新的书写体。唐承隋制，五品以上的官员可以立碑，贵族、官员和平民可设墓志。树碑立志成为一种社会风尚，大大推动了书法的发展。碑志要求字体典雅、端庄，抄写则要求规范、整齐，都要求使用统一、美观、实用的字体。书法艺术在唐朝时期受到唐代统治者的提倡和重视。唐太宗喜爱书法，命人搜求王羲之的墨迹，整理成卷。他在选拔官吏的考试中，把书法的好坏作为一项重要标准，以此来激发读书人学习书法的积极性。唐太宗请虞世南做书法老师。虞世南的字，内刚外柔，雍容华贵。他死后，太宗很难过，对魏徵说：“再也没有人同我论书法了。”

欧阳询的《九成宫醴泉铭》

唐初著名书法家欧阳询(557—641)，其书法用笔刚劲峻拔，笔划方润整齐，结构开朗爽健，在书写的间架结构、书写速度、用笔轻重、笔划肥瘦等方面，做出了总结性和规范性的贡献，对后人影响颇深。代表作品有《九成宫醴泉铭》。虞世南是和欧阳询齐名的大书法家，他俩和褚遂良被称为初唐三大书法家。他们有的擅长楷书，有的擅长行书，有的擅长草书，在继承前辈书法艺术的基础上，都有所创新。

继唐朝初年三大书法家之后，成就比较大的是“草圣”张旭和怀素和尚。他们创造的“狂草书”笔势放纵，连绵回绕，字形变化繁多，但狂而不乱，狂中有序列，对后世影响深远。张旭往往醉后落笔疾书，常有佳作产生，人们称他“张颠”。他的草书变幻无穷，挥墨时飞动的姿势像舞蹈一样美妙。怀素少年时家贫，为了学习书法，他种了很多芭蕉，在蕉叶上写字。他用坏的笔，据说可以堆成一个土丘。或许是狂草书法的特点吧，他也喜欢在酒酣兴起时落笔。他的草书，活泼飞动，像飞一样栩栩如生，有如笔下生风。人们说他是“以狂继颠”，把他和张旭并称为“颠张狂素”。到了唐代中后期，颜真卿、柳公权等人，又把书法艺术推到了新的高峰。颜真卿(708—784)唐代书法家。字清臣，祖籍琅玡临沂(今属山东)，京兆长安(今陕西西安)人。颜真卿

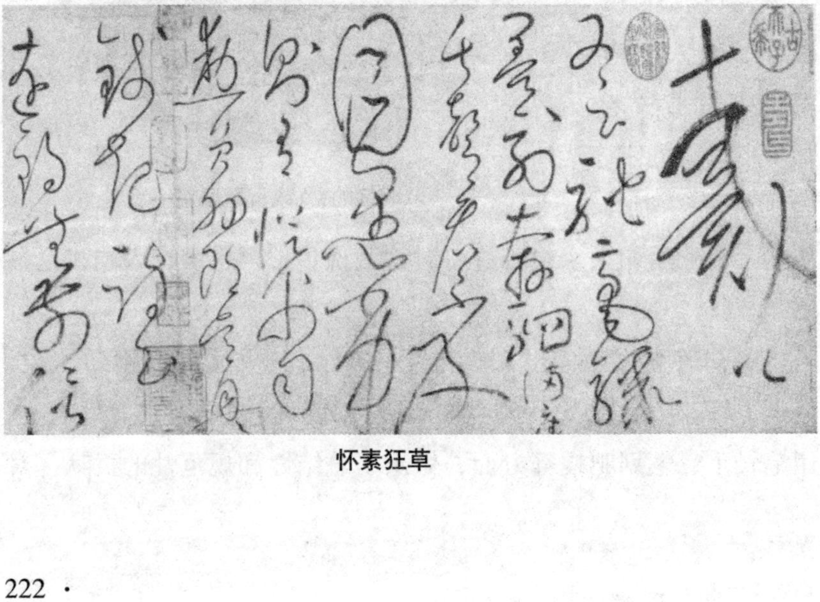

怀素狂草

曾任监察御史，迁殿中侍御史。后出为平原太守。安史乱起，真卿举义旗起兵抵抗，被推为盟主。至德元载(756)，授御史大夫。宝应元年(762)，拜户部侍郎，再拜尚书右丞。广德二年(764)，迁刑部尚书，进封鲁郡开国公，世称“颜鲁公”。颜真卿不但是个有气节的志士，而且是一位杰出的大书法家，是继王羲之之后我国书法史上最有成就的大书法家之一。他擅长楷书和行书，楷书端庄雄伟，气势开阔；行书笔力遒劲，气势旺盛，开创了新的风格。他的楷书被称为“颜体”，成为后人学字的楷模。比颜真卿晚 70 年的柳公权，是和颜真卿齐名的书法家，也精于楷书。他的楷书骨力遒健，结构紧凑，对后代的影响也很大。人们把他和颜真卿的书法并称“颜柳”，或者称“颜筋柳骨”。

三、辉煌的石窟艺术

佛教的鼎盛发展又推动了佛教艺术的全面繁荣。唐代的佛教艺术大体上包括石窟和佛教寺庙的建筑、造像、壁画还有佛塔，其中最为著名的是石窟艺术。石窟艺术在隋唐时期繁荣发展，其中最具代表性的是洛阳龙门石窟和敦煌莫高窟，它们以藏有大量丰富多彩、千姿百态的壁画与雕像闻名于世，被称为世界艺术的宝库。

洛阳龙门石窟位于今河南洛阳，石窟里最大的洞窟就是唐朝时开凿的。龙门石窟中造像题材在唐朝时期得到扩大，除北朝时期已有的释迦、弥勒、无量寿、三世佛、观世音之外，还出现了卢舍那、大日如来、地藏、优填王、业道、药师、宝胜如来、维卫佛、多臂菩萨、千手千眼观音和历代祖师像，同时还有刻造经文的人物造像。唐时西方净土宗大为流行，他们所崇拜的阿弥陀佛及救苦观音像几乎占去唐代造像总数的一半。唐代龙门石窟艺术在经过南北朝数百年发展之后，达到了成熟阶段。龙门窟龛的造像无论是在规模还是在题材、技巧上，都达到了空前完美的程度。

坐落在今天甘肃西部的敦煌莫高窟，其中十分之六七的洞窟是隋唐时期开凿的。敦煌莫高窟规模之大，内容之丰富，艺术水平之高，达到了全国石窟之首的地位。我国古代劳动人民在莫高窟里绘制了大量精美的壁画，塑造了无数形象生动的塑像。这是世界上最大的艺术宝库之一，至今依然是世界各国科学家追崇研究的对象，并将其称之为"敦煌艺术之迷。"

敦煌莫高窟菩萨和弟子

莫高窟有1000多个洞窟，又叫千佛洞，开凿在敦煌东南20公里的鸣沙山1600多米的断崖上，现存洞窟已被排号的就达到492个，彩色塑像2400余尊。洞窟的四壁和顶上满绘着金碧辉煌的彩色壁画。现存壁画总面积为

45000 多平方米，连接起来长达 25 公里，其中隋唐时代洞窟 300 多个，约占总数的三分之二。内容不仅表现了佛教故事，不少画面还反映出隋唐时期社会的繁荣：有帝王、贵族、官吏奢华生活的形象，有西域各族人的形象，有中外商人贸易的情景，有农夫耕田、渔夫打鱼、船工背纤、工匠营造等劳动场面。壁画的色彩绚丽夺目，形象生动。唐代塑像改变了隋代头大身长腿短的艺术弊端，更倾向于艺术的写实，在人物性格心理的刻画上也有了很大发展。佛像多是盘膝端坐，作说法或召唤手势。菩萨像体态丰盈，端庄沉静，是妙龄少女的形象；天王、力士像凶猛威严，是现实世界中武士的写照。在这些雕塑中，有身披飘拂长带、凌空起舞的飞天仙女，也有反弹琵琶、载歌载舞的仙女，这都是敦煌壁画的代表作。这些塑像，有的沉思，有的微笑，有的威严，个个神情逼真，富于艺术魅力。最高的佛像高达 33 米。

四、唐三彩和唐代陶瓷

陶瓷艺术是中国艺术的特色，其中最为著名的就是唐朝时期的唐三彩陶器，唐三彩是唐朝众多陶瓷艺术中的代表，它以丰富多彩的釉色和美妙高超的造型驰名中外。唐代陶瓷工艺制作匠人对多种金属氧化物的呈色原理有了很高的认识，在原有的铅釉陶中加入铁、铜、钴、锰等不同金属氧化物，经低温烧制而成为集黄、绿、青三色于一器的彩陶，这就是唐三彩，这种陶瓷在当时世界上处于领先水平，工艺的复杂性也首屈一指。在它的制作工艺中，虽然从理论上来讲只有三种颜色，但是几种釉色互相渗化，又产生许多新的颜色，再加上有些陶瓷年代久远有些颜色发生变化，所以唐三彩陶器呈现出来的颜色远远不止 3 种，而是绚

唐·三彩罐

烂多彩，富丽堂皇。从目前出土的唐三彩文物来看，它始于唐高宗时，盛于开元盛世，天宝以后逐渐衰落，它不仅是唐朝陶瓷艺术的代表，也是唐朝艺术文化发展的代表。

唐三彩产量之大、质量之高、造型样式之多，出乎我们的想象。三彩陶俑生动传神，釉色自然垂流，互相渗化，色彩绚丽，染色效果呈朦胧之美，艺术水平很高。唐三彩的生产技艺是在综合东汉以来的绿釉和黄釉陶的基础上，又引进波斯蓝釉技术创制而成，据说唐三彩中呈蓝色用的钴料是从波斯进口的，所以带有蓝色的唐三彩陶器最为稀有，也最为名贵。目前出土的唐三彩陶器主要分为器皿和俑两大类，它们大多表现建筑、日用品、家具、牲畜、人物等，式样繁多，生动地再现了唐代的社会生活风貌，被誉为唐代社会的“百科全书”。目前出土的唐三彩大多集中在唐代两都西安和洛阳，此外，扬州也有部分唐三彩出土。估计唐三彩产地也主要在这些地方，但目前所发现的唐三彩制作窑址仅有河南巩义一处。

五、盛唐霓裳

唐朝的服饰在世界历史上也闻名遐迩。在上海召开的 APCE 会议上，前国家主席江泽民同志和世界各国领导人共同穿上唐装照的那张合影，给世界人民留下了深刻印象，再一次引起了一场复古热，从这点就可以看出唐朝的服饰的生命力。

中晚唐女服

唐朝作为中国封建历史上十分开放的时代，这时的文化一方面继承了中国的传统，另一方面又积极吸收海外的先进文化，不断更新发展。唐朝的染织技术也是如此，在继承传统的基础上，吸收波斯的织法与技术并加以改进，使染织艺术出现了质的飞跃，使当时的服饰大放异彩，在中国染织史上出现了黄金时代。唐代纺织品的种类很多，主要有绢、绫、锦、罗、布、纱、绮、褐等。每种纺织品都按质量好坏划分很多等级，如布分九等，绢分八等。就绫而言，按等级分有独窠文绫、瑞绫、双窠细绫、白编绫、独窠司马绫等。锦按等级分则有大张锦、软端锦、透背锦、长形白锦、半臂锦、杂色锦等。唐朝的纱与前代相比，更加稀疏，织制精巧。当时贵族妇女生活奢侈，她们的服装多是用细纱制成。当时唐朝诗人把长安的罗比做天空的云彩，有记载的就有李商隐的著名诗句“万里云罗一雁飞”，形象生动的描绘了当时罗的发展状况。

唐代服饰的大发展一个主要的因素就是印染工艺的进步，印染的方法很多，但最主要的方法有三大染，即夹缬（有花纹的丝织品）、蜡缬、绞缬。夹缬，就是用两块镂花板把要染的物品夹起来，然后逐渐上色；上完色之后，再把镂花板拿掉，便在织物上露出被镂花板盖住而没有上色的白色镂花。这种方法简单易行，很快在盛唐时流传开来。这样做出来的织物被用于妇女披巾、衣裙，有时还用于屏风装饰。蜡缬，其实就是蜡染，它是利用蜡不容易被染色的原理，在织物上先用蜡画出图样，然后染色，染完后再用热水煮织物，使蜡脱落，露出白色图样。这样制作的染品上有冰裂纹效果，十分好看，唐代时期也用于服装和屏风装饰。绞缬，即扎染，是用绳将布扎成花纹，扎紧后染色，扎结部分采取措施防止染上颜色，形成白色花纹，并有染晕的独特效果。这种方法制作简便，朴素大方，变化丰富，有朦胧之美，是民间常用的装饰手法。到了五代十国，绞缬织物已经成为当时统治阶级最时髦的服装。唐代刺绣也很发达，做工精致，色彩华丽，主要用于服饰，为唐朝服饰的发展也做出了贡献。

发达的染织工业和刺绣业使唐朝的服装色彩鲜艳，质地柔软、舒适，样式华贵大方，尤其是妇女的服装，在此基础上，唐朝还增加了服饰的时装性。短襦(短衣)、长裙是唐朝妇女所追求的流行时尚。一般是裙腰高到胸部，半袒露胸部，裙长拖地，裙腰以上绸带高系，几乎到腋下，杨玉环一张画像上穿的就是这样的服饰。唐代妇女还喜欢将一块帛巾搭在肩背上，看上去飘逸、雍容。

唐朝时期，不但经济文化全面发展，而且艺术上的成就也得到了很大提高，这些艺术成就从某种方面促进了唐朝的经济发展，它们相得益彰，互相促进，使唐王朝成为中国封建社会最为繁荣昌盛的一个时期。

附录四　唐朝历代皇帝年表

帝位（姓　名）	年号（在位时间）	即位时间
高祖（李　渊）	武德（9）	618
太宗（李世民）	贞观（23）	627
高宗（李　治）	永徽（6）	650
	显庆（6）	656
	龙朔（3）	661
	麟德（2）	664
	乾封（3）	666
	总章（3）	668
	咸亨（5）	670
	上元（3）	674
	仪凤（4）	676
	调露（2）	679
	永隆（2）	680
	开耀（2）	681

	永淳（2）	682
	弘道（1）	683
中宗（李　显）	嗣圣（1）	684
睿宗（李　旦）	文明（1）	684
武后（武　曌）	光宅（1）	684
	垂拱（4）	685
	永昌（1）	689
	载初（1）	690
武后称帝，改国号为周	天授（3）	690
	如意（1）	692
	长寿（3）	692
	延载（1）	694
	证圣（1）	695
	天册万岁（2）	695
	万岁登封（1）	696
	万岁通天（2）	696
	神功（1）	697
	圣历（3）	698
	久视（1）	700
	大足（1）	701
	长安（4）	701
中宗（李　显）	神龙（3）	705
复唐国号	景龙（4）	707
睿宗（李　旦）	景云（2）	710
	太极（1）	712
	延和（1）	712

玄宗（李隆基）	先天（2）	712
	开元（29）	713
	天宝（15）	742
肃宗（李 亨）	至德（3）	756
	乾元（3）	758
	上元（2）	760
代宗（李 豫）	宝应（2）	762
	广德（2）	763
	永泰（2）	765
	大历（14）	766
德宗（李 适）	建中（4）	780
	兴元（1）	784
	贞元（21）	785
顺宗（李 诵）	永贞（1）	805
宪宗（李 纯）	元和（15）	806
穆宗（李 恒）	长庆（4）	821
敬宗（李 湛）	宝历（3）	825
文宗（李 昂）	宝历	826
	大（太）和（9）	827
	开成（5）	836
武宗（李 炎）	会昌（6）	841
宣宗（李 忱）	大中（14）	847
懿宗（李 漼）	大中	859
	咸通（15）	860
僖宗（李 儇）	咸通	873
	乾符（6）	874

	广明（2）	880
	中和（5）	881
	光启（4）	885
	文德（1）	888
昭宗（李 晔）	龙纪（1）	889
	大顺（2）	890
	景福（2）	892
	乾宁（5）	894
	光化（4）	898
	天复（4）	901
	天祐（4）	904
哀帝（李 柷）	天祐	904

参考文献

[1] 冯静荪, 李君.资治通鉴谋略大典 [M] .郑州：中州古籍出版社，1993.

[2] 司马光.资治通鉴精华 [M] . 北京：九州出版社，2005.

[3] 司马迁.史记 [M] .长沙：岳麓书社，1988.

[4] 班固.汉书 [M] .郑州：中州古籍出版社，1996.

[5] 范晔.后汉书 [M] .郑州：中州古籍出版社，1996.

[6] 《四书五经》 [M] .长沙：岳麓书社，1998.

[7] 陈晋.毛泽东评点二十四史 [M] . 北京：时事出版社，2011.

[8] 冯梦龙.东周列国志 [M] .长沙：岳麓书社，1990.

[9] 卢定兴，王良.五千年帝王历史演义 [M] . 北京：京华出版社，2009.